"주께서 나의 앞뒤를 둘러싸고
내게 안수하셨나이다."

시편 139:5

안수 기도

김열방 지음

기도
추천도서

안수하면 성령이 임한다
안수하면 귀신이 나간다
안수하면 질병이 낫는다
안수하면 축복이 임한다

날개미디어

"이 책을 통해 많은 응답을 주겠다"

당신은 안수를 받은 적이 있습니까?

나는 전에 안수를 많이 받았고 지금은 안수를 많이 하고 있습니다. 안수는 내 삶과 사역에서 빼놓을 수 없는 중요한 위치와 큰 비중을 차지하고 있습니다. 왜 그럴까요?

안수를 통해 많은 치유와 은사, 축복과 응답을 받았기 때문입니다. 오늘 아침에 주님께서 말씀하셨습니다.

'이 책은 몇몇 목회자를 위한 책이 아닌 나의 불쌍한 양 무리들을 위한 책이다. 내가 이 책을 통해 많은 응답을 주겠다. 육신의 생각으로 이 책을 거부하지 마라. 이 책을 귀

하게 여기라. 안수 기도는 내가 정한 방법이다.'

나는 그 음성을 듣고 기뻐하며 감사했습니다.

'주님, 이렇게 귀한 책을 주셔서 감사합니다.'

나는 어릴 때 유명한 신유 사역자인 현신애 권사님에게 여러 번 안수 받은 적이 있습니다. 나의 외할머니가 "현신애 권사님이 집회하러 매주 지방에 내려오시니 그때 안수 받으러 가자"고 했습니다. 나는 안수라는 말을 처음 들었기 때문에 궁금해서 외할머니에게 물었습니다.

"안수가 뭔데요?"

"손을 얹는 거야."

"네? 손을 얹어요? 어떻게요?"

"그냥 툭툭 치면서 지나가는 거야."

그 말을 들은 나는 '툭툭'이라는 말보다 '친다'는 말이 더 크게 들려서 안수 받는 것이 무척 두려웠습니다.

'얼마나 세게 칠까? 많이 아프지는 않을까?'

불안한 마음으로 할머니와 함께 집회에 참석했습니다.

강단에 오른 현신애 권사님은 그동안 치유 받은 기적들을 간증하기 시작했고 드디어 안수하는 시간이 되었습니다. 그분은 의자에 앉아 사람들을 앞으로 나오게 하여 자기 앞을 지나가게 했습니다. 예배당 전체에 길게 줄을 서서 한 명씩 권사님 앞으로 지나가는데 1초 만에 가볍게 툭

툭 치면서 안수하셨습니다. 나는 놀랐습니다.

'어, 이게 뭐야? 안수가 이렇게 간단한 거야?'

사람들은 반드시 치유 받는다는 믿음으로 버스를 대절해서 권사님을 따라다니며 반복해서 안수 받았습니다.

대부분이 암이나 간질, 중풍, 악성 피부병 등 의술이 포기한 불치의 병자들이었습니다. 나는 그분이 쓴 책도 읽어 보았는데, 집에 강도가 들어 칼에 복부를 찔린 사람이 병원에서 수술했지만 회복되지 못하고 계속 위가 썩어 들어가고 구더기가 가득했는데 권사님에게 안수 받고 깨끗하게 치유 받은 이야기, 암환자가 안수를 받고 화장실에 갔는데 암 덩이가 쏟아져 나왔다는 이야기, 피부병으로 온몸이 거북이 껍질처럼 되었는데 아기 피부처럼 깨끗해졌다는 이야기가 생생하게 실려 있었습니다. 신기했습니다.

나의 외할머니는 종일 기도하고 성경을 읽는 분이었습니다. 외할머니가 우리 집에 함께 산 적이 있었는데 방에서 기도 소리가 계속 들렸습니다. 입술을 중얼거리며 한국말과 방언을 섞어서 자손들을 위해 기도하고 계셨고 그렇지 않을 때는 성경을 펴놓고 읽거나 찬송하셨습니다.

외할머니는 그 일을 천국 가시는 그날까지 쉬지 않고 하셨습니다. 나는 군대에 갈 때 주위에서 받은 용돈을 모두 할머니에게 드렸고 축복 기도를 받았습니다.

그 이전에도 이후에도 내가 인사하러 찾아갈 때마다 할머니는 내 머리에 안수하며 기도해 주셨습니다. 나는 그런 영적인 재산을 귀하게 여겼고 그것을 상속받고자 열망했습니다. 그런 마음도 하나님이 주신 것이었습니다.

나는 할머니만 아니라 신령한 주의 종을 만나면 주저하지 않고 나아가 무릎을 꿇고 안수 기도를 받았습니다.

그 후로 나는 20대에 교회를 다니면서 담임 목사님에게 찾아가 자주 안수를 받았습니다. 군대 가기 전에도 군대에서 휴가를 나왔을 때도 그리고 명절 때마다 부모님의 권유로 매번 목사님을 찾아뵙고 인사드렸는데 그때마다 무릎을 꿇고 안수 기도해 달라고 부탁드렸습니다.

목사님은 내 머리에 안수하며 간절히 축복하셨습니다.

"하나님, 이 아들을 축복하시어 모세와 여호수아, 엘리야와 엘리사 같은 큰 능력을 주시고 솔로몬 같은 지혜를 주소서. 하나님의 종으로 귀하게 사용하여 주소서."

그 기도가 응답이 되어 나는 20대부터 전국과 세계를 다니며 복음을 전하며 안수 사역을 하게 되었습니다.

29세에는 〈성령님과 친밀하게 교제하는 법〉이란 책을 출간했는데 그때부터는 사역이 폭발적으로 확장되었습니다. 내 책을 본 사람들이 전국과 세계에서 나를 강사로 초청했고 내가 예수 이름으로 안수할 때 어린아이부터 노인에 이르기까지 다들 성령이 임하고 방언이 터지고 더러운 귀신이 소리를 지르며 떠나가고 병이 치유되었습니다.

내가 안수 받지 않았다면 어떻게 되었을까요?

그분들에게 축복 기도를 받지 못했을 것입니다.

내가 "기도해 주세요"라며 그분들 앞에서 무릎을 꿇었기 때문에 그분들이 자연스럽게 내 머리에 손을 얹고 축복 기도를 할 수 있었던 것입니다. 이런 기회를 잡는 것은 정말 중요합니다. 주일마다 예배에 참석해서 설교 듣고 성경 공부하고 상담 받는 것도 중요하지만 주의 종에게 부탁해서 안수 기도를 받는 것은 특별한 의미가 있습니다.

안수를 통해 기도 응답이 즉시 오기 때문입니다.

"하나님의 뜻이면 언젠가는 응답이 올 겁니다."

성경에서 말하는 믿음은 그렇게 막연히 기다리는 것이 아닙니다. 당신이 주의 종에게 찾아가서 안수 기도해 달라고 부탁해야 합니다. 예수님도 "내게 큰 능력이 있으니 내가 알아서 안수해 주겠다"고 하지 않고 자신에게 나아와 간절히 부탁하는 사람에게만 안수하셨습니다. 안수를 통해 죽은 자가 살아나고 불치의 병이 치유되었습니다.

"예수께서 이 말씀을 하실 때에 한 관리가 와서 절하며 이르되 '내 딸이 방금 죽었사오나 오셔서 그 몸에 손을 얹어 주소서. 그러면 살아나겠나이다' 하니 예수께서 일어나 따라가시매 제자들도 가더니 열두 해 동안이나 혈루증으로 앓는 여자가 예수의 뒤로 와서 그 겉옷 가를 만지니 이는 제 마음에 '그 겉옷만 만져도 구원을 받겠다' 함이라. 예수께서 돌이켜 그를 보시며 이르시되 '딸아, 안심하라. 네 믿음이 너를 구원하였다' 하시니 여자가 그 즉시 구원을 받으니라. 예수께서 그 관리의 집에 가사 피리 부는 자들과 떠드는 무리를 보시고 이르시되 '물러가라. 이 소녀가 죽은 것이 아니라 잔다' 하시니 그들이 비웃더라. 무리를 내보낸 후에 예수께서 들어가사 소녀의 손을 잡으시매 일어나는지라. 그 소문이 그 온 땅에 퍼지더라."(마 9:18~26)

바울도 안수 받았습니다. 그것도 예수님의 제자이자 사도라고 존경받는 베드로에게 안수 받은 것이 아닌 아나니아라는 평신도에게 안수 받았습니다. 아나니아는 주님의 지시를 받고 가서 안수했고 그 즉시 바울의 보이지 않던 눈이 깨끗이 치유되고 성령으로 충만케 되었습니다.

이때 주님은 '안수'라는 방법을 통해 일하셨습니다.

당신도 겸손한 마음으로 안수 기도를 받으십시오.

예수님은 '구원자'이면서 동시에 '안수자'이십니다.

주의 종이 손을 얹을 때 전능하신 예수님이 함께 손을 얹으십니다. 그러면 기름 부으심이 나타나 치유됩니다.

주의 종이 안수할 때 어떤 일이 일어날까요?

첫째, 성령이 임합니다.
둘째, 은사가 불 같이 일어납니다.
셋째, 신유의 기적이 일어납니다.
넷째, 축사의 능력이 나타납니다.
다섯째, 능력이 전달됩니다.
여섯째, 일꾼으로 세워집니다.
일곱째, 복이 임합니다.

하나님께서 이 책을 통해 많은 응답을 주실 것입니다.
이 책을 귀하게 여기고 손에 잡고 여러 번 읽기 바랍니다. 주위 사람들에게도 100권, 200권 선물하기 바랍니다.
그리고 시간과 용기를 내어 주의 종을 찾아가십시오.
안수 기도를 받고 싶다고 말하고 예약하십시오.
가만히 있으면 평생 아무 일도 안 일어납니다.
믿음으로 움직이십시오.

2024년 5월 22일
김열방 목사

[목차]

안수를 통해 능력이 나타난다

당신은 안수 사역을 하고 있습니까?

나는 20세에 성령을 체험하고 그 후로 안수 사역을 계속 해 왔습니다. 내가 안수할 때 많은 사람들에게 성령이 임하고 즉시 방언이 터졌습니다. 귀신이 쫓겨 나가고 병이 나았습니다. 만약 내게 안수 사역이 없었다면 이런 일은 1년에 한 번 또는 평생에 한 번 정도 있었을 것입니다.

안수하면 기적이 많이 일어납니다. 안수 안 하면 아무 일도 안 생깁니다. 안수 사역은 예수님의 명령입니다.

"병든 사람에게 손을 얹은즉 나으리라."(막 16:18)

입을 열어 복음을 전파하는 것만큼 손을 내밀어 안수하는 것도 사역에 있어 빼놓을 수 없는 중요한 것입니다.

당신도 예수 이름으로 안수 받고 안수하십시오.

초대 교회 시절, 제자들이 박해를 받을 때 모여 "종들로 하여금 담대히 하나님의 말씀을 전하게 하옵시고 또 손을 내밀어 병을 낫게 해주세요"(행 4:29~30)라고 간절히 빌었고 그들은 안수하며 사역했습니다. 스데반과 빌립이 복음을 전할 때도 큰 권능이 나타났으며, 바울도 손으로 큰 권능을 행하며 전도했습니다. "하나님이 바울의 손으로 놀라운 능력을 행하게 하시니 심지어 사람들이 바울의 몸에서 손수건이나 앞치마를 가져다가 병든 사람에게 얹으면 그 병이 떠나고 악귀도 나가더라."(행 19:11~12)

어떤 이는 말합니다. "성경에 보면 많은 경우에 안수 안 했는데도 기적이 일어났잖아요? 꼭 안수해야 하나요?"

나도 안수 안 하고 기적이 일어나는 것을 사모했습니다. 그리고 실제로 그런 일이 일어났습니다. 부흥회 때 내가 설교한 후에 기도하는데 치유가 일어난 것입니다. 한 사람에게 전화가 왔습니다. "김열방 목사님이 기도하실 때 제 옆구리에 있던 종양이 사라졌고 깨끗이 나았어요."

아, 그때도 안수했네요. 내가 직접 안수한 것이 아니라 모든 성도들이 각자 아픈 곳에 손을 얹으라고 했으니까요.

안수하지 않아도 설교 듣는 중에, 합심 기도하는 중에, 찬송하는 중에, 내 책을 읽는 중에 병이 나았습니다. 하지만 기본은 안수하는 것입니다. "내 이름으로 손을 얹은즉 나으리라"고 했기 때문입니다. 안수를 부끄러워하지 마십시오. 예수 이름으로 안수할 때 기적이 일어납니다. 기도를 많이 하고 믿음으로 안수하면 큰 권능이 나타납니다.

안수는 하나님의 방법이요 예수님의 명령입니다.

나도 가서 안수 받고 싶다

내가 쓴 책 중에 〈성령을 체험하라〉가 있습니다.

그 책을 읽은 사람들은 다들 이런 말을 내게 전합니다.

"김열방 목사님에게 찾아가서 안수 받아야겠어요. 그러면 내게도 성령의 은사가 강하게 나타날 것 같아요."

맞는 말입니다. 30년, 40년 동안 아무 일이 없던 사람이 내게 안수 받는 순간 성령님의 나타나심이 있게 됩니다. 성령님의 나타나심이 뭐 그리 중요하냐고요?

성령님의 나타나심에 대한 가치를 몰라서 그렇습니다.

성령님의 나타나심은 박사 학위 100개보다 낫고 빌딩 100채보다 낫습니다. 그것도 조금이 아닌 억만 배나 낫습니다. 하나님의 일을 하는데 있어서는 성령님의 나타나심이 전부입니다. 성령님의 나타나심이 없으면 육신의 힘으로 다 부딪혀야 합니다. 이것은 비극 중에 비극입니다.

성령님의 나타나심과 능력

성령님의 나타나심이 없으면 어떻게 될까요?

예수를 구주로 믿고 하나님의 자녀가 되었는데 성령님의 나타나심이 없는 사람, 하나님의 부르심을 받고 주의 종이 되었는데 성령님의 나타나심이 없는 사람, 그런 사람이 세상에서 가장 불쌍한 인생입니다. 하나님 일을 성령의 능력이 아닌 육신의 힘으로 감당해야 하기 때문입니다.

성령님의 나타나심이 없으면 비참해집니다.
육신의 힘으로 기도해야 하며 기도가 고역이 됩니다.
육신의 힘으로 설교해야 하며 설교가 큰 짐이 됩니다.
육신의 힘으로 상담해야 하며 인간적인 위로만 합니다.
육신의 힘으로 심방해야 하며 사교적인 만남이 됩니다.
육신의 힘으로 전도해야 하며 접대하는 일에 빠집니다.
육신의 힘으로 찬양해야 하며 기름 부으심이 없습니다.

육신의 힘으로 목회해야 하며 온갖 압박을 받습니다.

육신의 힘으로 선교해야 하며 방법을 동원합니다.

육신의 힘으로 강의해야 하며 지식 전달로 끝납니다.

육신의 힘으로 예배해야 하며 졸음이 몰려옵니다.

육신의 힘으로 헌금해야 하며 헌금 시간이 부담됩니다.

육신의 힘으로 봉사해야 하며 분노하면서 싸웁니다.

육신의 힘으로 사업해야 하며 계속 적자가 납니다.

육신의 힘으로 살아야 하며 사는 것이 고달픕니다.

결론적으로 가장 중대한 것은 하나님이 그런 육신적인 삶과 사역을 기뻐하지 않으신다는 것입니다. 그리스도인은 육신의 힘이 아닌 오직 성령님의 나타나심을 따라 살고 사역해야 합니다. 그 방법은 '오직 기도'뿐입니다.

바울은 말했습니다. "내 말과 내 전도함이 설득력 있는 지혜의 말로 하지 아니하고 다만 '성령의 나타나심과 능력'으로 하여 너희 믿음이 사람의 지혜에 있지 아니하고 다만 하나님의 능력에 있게 하려 하였노라."(고전 2:4~5)

당신에게는 성령님의 나타나심과 능력이 있습니까?

성령님의 나타나심을 위해 기도하라

우리는 성령님의 나타나심을 위해 기도해야 합니다.

기도는 '몸을 제물로 드리는 것'입니다. 로마서 12장 1절에 "너희 몸을 하나님이 기뻐하시는 거룩한 산 제물로 드리라"고 했습니다. '너희 마음'이나 '너의 영'이 아닌 '너희 몸'을 드리라고 했습니다. 당신의 몸을 제물로 드리면 성령의 불이 임합니다. 당신 몸에서 성령님의 불같은 나타나심이 있어야 합니다. 초대 교회가 그랬습니다. 그들은 자신의 몸을 하나님이 기뻐하시는 거룩한 산 제물로 드렸습니다. 어떻게 드렸습니까? 기도에 헌신했던 것입니다.

"여자들과 예수의 어머니 마리아와 예수의 아우들과 더불어 마음을 같이하여 오로지 기도에 힘쓰더라."(행 1:14)

그들은 10일간 '종일 기도'에 힘썼습니다.

"오로지"란 말은 '종일'이란 의미입니다.

그들은 아침에 눈 뜨면서부터 저녁에 잠들 때까지 종일 기도했습니다. 그리고 오순절 날이 이르자 성령의 불이 떨어졌습니다. "오순절 날이 이미 이르매."(행 2:1~4)

그 후로 그들은 담대히 하나님의 말씀을 전하며 민간에 큰 권능을 행했습니다. 그들이 큰 박해를 받고 힘들어지자 다시 몸을 드려 기도에 헌신했고 그 결과 성령님의 나타나심이 더 커졌습니다. "빌기를 다하매."(행 4:29~31)

그들은 '큰 권능'으로 말씀을 전했고 사람들은 '큰 은혜'를 받았습니다. 당신도 큰 권능을 사모하고 구하십시오. 큰 권능이 무엇일까요? 성경을 봅시다.

첫째, 예수님은 큰 권능으로 재림하십니다.

"그 때에 인자가 구름을 타고 큰 권능과 영광으로 오는 것을 사람들이 보리라."(막 13:26)

둘째, 예수님은 큰 권능을 행하셨습니다. "이스라엘 사람들아 이 말을 들으라 너희도 아는 바와 같이 하나님께서 나사렛 예수로 큰 권능과 기사와 표적을 너희 가운데서 베푸사 너희 앞에서 그를 증언하셨느니라."(행 2:22)

셋째, 사도들이 큰 권능으로 설교했고 무리가 큰 은혜를 받았습니다. "사도들이 큰 권능으로 주 예수의 부활을 증언하니 무리가 큰 은혜를 받아."(행 4:33)

넷째, 스데반 집사는 은혜와 권능이 충만하여 큰 기사와 표적을 민간에 행했습니다. "스데반이 은혜와 권능이 충만하여 큰 기사와 표적을 민간에 행하니."(행 6:8)

다섯째, 하나님이 큰 권능으로 이스라엘 백성을 인도하여 내셨습니다. "이 이스라엘 백성의 하나님이 우리 조상들을 택하시고 애굽 땅에서 나그네 된 그 백성을 높여 큰 권능으로 인도하여 내사."(행 13:17)

여섯째, 하나님은 큰 권능을 잡고 왕 노릇하십니다.

"이르되 감사하옵나니 옛적에도 계셨고 지금도 계신 주

하나님 곧 전능하신 이여 친히 큰 권능을 잡으시고 왕 노
릇 하시도다."(계 11:17)

일곱째, 큰 권능으로 말미암아 원수가 복종합니다.

"하나님께 아뢰기를 주의 일이 어찌 그리 엄위하신지요
주의 큰 권능으로 말미암아 주의 원수가 주께 복종할 것이
며."(시 66:3)

여덟째, 기도하면 주님께서 큰 권능을 나타내십니다.

"이제 구하옵나니 이미 말씀하신 대로 주의 큰 권능을
나타내옵소서."(민 14:17)

아홉째, 기도하면 큰 권능을 가지신 주님이 들으십니
다. "그가 큰 권능을 가지시고 나와 더불어 다투시겠느냐
아니로다 도리어 내 말을 들으시리라."(욥 23:6)

그러므로 우리는 이렇게 기도해야 합니다.

"주 만군의 여호와여, 큰 권능을 나타내소서."

기도를 많이 한 후에 안수하라

당신은 하루에 몇 시간 기도합니까?

나는 하루에 3시간에서 10시간 정도 기도합니다.

주의 종으로서 안수 사역을 하려면 기도를 많이 해야

합니다. "꼭 그렇게 기도를 많이 해야 하나요? 그냥 안수하면 안 될까요? 기도와 안수는 무슨 상관이 있나요?"

기도를 많이 하지 않고 그냥 안수해도 됩니다. 하지만 안수 받는 사람에게 아무 일이 안 일어날 것입니다.

예수님은 사역하기 전에 기도를 많이 하셨습니다. 기도를 많이 하고 안 하고가 '존재 가치'에 영향을 끼치는 것은 아닙니다. 30세가 되기까지 예수님은 오래 기도하지 않았고 금식도 하지 않았습니다. 하지만 요단강에서 요한에게 물로 세례 받고 올라오실 때 이런 음성이 들렸습니다.

"너는 내 사랑하는 아들이다. 내가 너를 좋아한다."

예수님은 아직 하나의 귀신도 쫓지 않았고 한 명의 병도 고치지 않았습니다. 한 번의 설교도 하지 않았습니다. 그런데도 하나님은 예수님을 사랑하고 좋아하셨습니다.

이것이 존재 가치입니다. 우리도 마찬가지입니다. 하나님께 사랑 받고 그분을 기쁘게 하기 위해 기도하고 금식해야 하는 것이 아닙니다. 우리는 오직 예수를 구주로 믿음으로 구원을 얻고 은혜로 하나님의 자녀가 됩니다.

하지만 사역은 다른 문제입니다. 예수님이 이런 음성을 들은 후에 어떤 일이 생겼습니까? "그리고 곧 성령이 예수를 광야로 내보내셨다"(막 1:12)고 했습니다.

그 다음에 예수님은 금식하셨습니다. "예수께서 사십

일 동안 광야에 계셨고 거기서 사탄에게 시험을 받으셨다. 예수께서 들짐승들과 함께 지내셨다. 천사들이 그의 시중을 들었다"(막 1:13)고 했습니다. 40일 금식이 끝난 후에 주리셨습니다. 그리고 예수님은 요한이 잡힌 후에 갈릴리에 오셔서, 하나님의 복음을 선포하셨습니다.

"회개하라. 복음을 믿어라."

그리고 예수님은 본격적으로 오래 기도하기 시작하셨습니다. '40일 금식하셨으면 더 이상 기도할 필요가 없지 않나요?'라고 생각할 것입니다. 그런데 예수님은 매일 오랜 시간의 기도를 통해 자신의 몸을 쳐서 복종시키셨습니다. 그래야 성령님의 나타나심이 있기 때문입니다.

예수님은 사역하기 전에 새벽에 미리 기도를 많이 하셨고 사역 중에도 무리를 떠나 한적한 곳에 가서 기도하셨습니다. 그리고 사역이 끝난 후에도 때로는 밤이 새도록 기도하셨습니다. 우리도 그렇게 기도해야 합니다.

첫째, 사역하기 전에 기도해야 합니다.

둘째, 사역하는 중에도 기도해야 합니다.

셋째, 사역이 끝난 후에도 기도해야 합니다.

여기에 대해 자세히 알아보겠습니다.

사역하기 전에 오래 기도하라

예수님은 사역하기 전에 오래 기도하셨습니다.

"새벽 아직도 밝기 전에 예수께서 일어나 나가 한적한 곳으로 가사 거기서 기도하시더니."(막 1:35)

나도 어릴 때 부모님과 함께 새벽 기도회에 많이 참석했습니다. 어머니는 새벽 일찍 나를 흔들어 깨우며 "새벽 기도회에 가자"고 하셨습니다. 나는 주섬주섬 옷을 챙겨 입고 차가운 새벽 공기를 마시며 부모님과 함께 걷기도 하고 달리기도 하며 새벽 기도회에 출석했습니다.

내가 하나님께 지혜를 구하고 받은 것도 새벽 기도회 시간이었습니다. 20세에 길을 걷다가 성령을 체험한 후로는 매일 교회에 가서 몇 시간씩 기도하다가 잠들곤 했습니다. 그리고 하루는 새벽 기도회를 마친 후에 하나님께 지혜를 달라고 구했습니다. "하나님, 성경에 나온 솔로몬이 지혜를 구하고 받았습니다. 저에게도 지혜를 주세요."

그 즉시 세미한 음성으로 응답받았습니다.

'내가 너에게 지혜를 주었으니 받은 줄로 믿어라.'

나는 새벽에 기도를 많이 했습니다. 새벽 기도회가 끝난 후에도 9시, 10시까지 계속 기도했습니다. 그런 후에는 내가 손을 얹는 사람마다 성령이 임하고 방언이 터지고 귀신이 쫓겨 나갔습니다. 그때 나는 유명한 대형 교회 목사가 아닌 무명의 시골 청년이었습니다. 그런 게 무슨 상관입니까? 하나님은 오직 기도하는 자를 들어 쓰십니다.

우리는 사역하기 전에 기도를 많이 해야 합니다.

한국 교회 부흥을 이끈 것은 새벽 기도입니다. 새마을 운동이 일어나면서 사람들은 새벽 일찍 논밭과 공장으로 나갔는데 그러기 위해서는 더 일찍 일어나 기도해야 했습니다. 그래서 새벽 기도회를 만들고 기도하기 시작했습니다. 새벽에 많은 은혜가 임했습니다. 목사님들도 새벽에 설교한 후에 몇 시간씩 강단에 쪼그리고 앉아 울며 교회 부흥과 양떼를 위해, 민족과 세계 복음화를 위해 기도했습니다. '누가 더 오래, 끝까지 남아 기도하나?'라며 서로 경쟁할 정도로 기도를 많이 했습니다. 그때는 하루에 3시간, 5시간씩 기도하는 목사님들과 신학생들이 많았습니다.

그들은 문제가 생기면 골방에 들어가서 응답받을 때까지 울며 나오지 않았습니다. 우리도 그래야 합니다.

교회에서 새벽 기도회를 하든 안 하든 상관없이 우리는 교회에 가서 기도해야 합니다. 어떤 이는 특별새벽기도회는 마음에 작정하고 40일간 꼬박꼬박 참석하는데 10분도 기도하지 않고 벌떡 일어납니다. 그의 삶은 변화가 없습니다. 새벽에 기도하러 갔으면 한 시간 이상 기도하는 것이 필요합니다. 2시간, 3시간, 더 많이 기도하십시오.

왜 새벽에 기도해야 할까요? 사역하기 전이기 때문입니다. 사역하기 전에 기도를 많이 해야 합니다. 하루의 사역이 시작되면 기도할 시간이 없습니다. 미리 기도해서 모든 문제에 대한 응답과 능력을 받아 놓아야 합니다.

나는 매일 그렇게 하루에 몇 시간씩 기도합니다.

주일 예배를 위해서도 토요일에 오래 기도합니다.

설교자는 토요일에 서재에 앉아 연구하며 설교 원고를 준비하면 안 됩니다. 설교 원고는 금요일까지 준비를 끝내고 토요일이 되면 골방에 들어가 '종일 기도'해야 합니다.

토요일은 특별히 주일에 모이는 양떼를 위해 종일 기도하는 날입니다. 이렇게 간절히 기도해야 합니다.

"성령님, 내일 예배하러 오는 회중을 양도합니다. 성령님께서 기름 부으시고 마음대로 역사해 주세요."

서울의 한 목사님이 그렇게 기도했습니다. 그분은 토요일만 되면 골방에 들어가 종일 기도했습니다. 그때 기도 응답을 받고 주일에 강단에서 서서 말씀을 전하니 성령님의 기름 부으심이 예배당 안에 가득했고 많은 사람들이 회개하고 구원받고 치유 받았습니다. 그는 말했습니다.

"나는 주일예배 설교에 기름 부으심이 있기를 위해 전날 골방에 들어가 5시간~7시간 기도한다. 한두 시간 기도해서는 내가 받아 누리는 엄청난 성령의 역사를 경험할 수 없다. 나는 아침부터 잘 때까지 방언으로 기도를 많이 한다. 나는 성경을 읽을 때도 방언으로 기도하고 개인 예배 시간에도 방언으로 기도한다. 그렇게 종일 방언으로 기도하면 성령님의 임재를 느끼지 않을 수 없다. 나는 종일 성령님의 임재를 강하게 느끼는데, 설교를 준비하는 내내 또 설교하는 순간에도 그렇다. 나는 주제 설교에도 기름 부으심이 필요하지만 강해 설교 때는 더욱 강한 기름 부으심이 필요하다고 믿는다. 그렇지 않으면 강해 설교가 성경을 원어로 해석한 지식 전달 밖에 되지 않기 때문이다. 그리고 나를 비롯한 구역장들은 필요에 따라 교회 부흥과 구역 성장을 위해 3일, 7일, 21일 동안 금식하며 기도한다."

부흥 운동의 아버지라 불리는 찰스 피니도 말했습니다.

"우리는 넘치는 능력을 받기까지 오래 기도하며 하나님을 기다려야 한다. 많은 사람들이 넘치는 능력을 위해 기도하지만 응답되기도 전에 포기하고 벌떡 일어난다. 넘치는 능력을 위한 간구를 쉬지 않고 해야 한다. 주의 종에게는 더 많은 공부나 업무, 훈련 프로그램이 필요한 것이 아닌 더 많은 기도가 필요하다. 기도에 헌신해야 한다."

그는 많은 날들을 금식하며 기도했다고 했습니다.

"나는 내게서 넘치는 능력이 사라진 듯한 느낌을 받을

때가 있다. 그럴 때는 몇 시간 기도한다고 되지 않는다. 그래서 나는 하루를 떼어 종일 금식하며 기도한다. 몇 시간 동안 눈물을 흘리며 간구한다. 그러면 그 능력이 돌아온다. 그러면 내가 많은 말을 하지 않고 단순히 사람들을 보기만 해도 그들은 회개한다. 압도적인 능력이 나타나는 것이다. 이런 압도적인 능력이 회중 가운데 임하면 다들 엎드려 회개하고 어떤 무리는 권능 아래 쓰러진다."

당신도 사역하기 전에 기도를 많이 하기 바랍니다.

나는 집회에 강사로 초청받아 가면 오래 기도해야 하기 때문에 집회가 끝날 때까지 개인 상담을 하거나 여기저기 여행하러 돌아다니지 않습니다. 설교하고 안수하기 전에 내가 묵는 숙소에서 기도를 많이 합니다. 새벽에도 기도하고 오전에도 기도하고 오후에도 기도합니다. 집회 장소에 도착해서도 계속 기도합니다. 그러자 나이 드신 한 목사님이 가까이 와서 내 어깨를 툭 치며 이런 말을 했습니다.

"숙소에서 기도 많이 하고 오셨는데 여기서 또 기도하세요? 이제 그만 기도하세요."

그래도 나는 설교하기 전까지 계속 기도합니다.

그리고 설교하기 위해 강단에 올라가면 넘치는 능력이 역사합니다. 사람들은 구원에의 초청에 응답하고 성령님의 임재를 느끼며 회개합니다. 손을 얹으면 성령이 임하고 방언이 터지고 귀신이 떠나가고 병이 치유됩니다. 사람들이 권능 아래 쓰러지고 기름 부으심이 전달됩니다.

예수님은 하나님의 아들이시며 하나님이심에도 불구하고 사역하기 전에 먼저 기도하셨습니다. 그것도 조금 기도하신 것이 아니라 몇 시간 또는 한 나절과 온종일 기도하셨습니다. 그 이유를 빌립보서 2장 6~7절에 명확히 밝히고 있습니다. "그는 근본 하나님과 본체시나 하나님과 동등 됨을 취할 것으로 여기지 아니하시고 오히려 자기를 비워 종의 형체를 가지사 사람들과 같이 되셨다."

예수님은 자기를 비우고 사람들과 같이 되셨던 것입니다. 로마서 8장 3절에는 "육신의 모양으로 왔다"고 말씀합니다. 예수님은 죄가 없는 하나님의 아들이시지만 육신의 모양으로 이 땅에 왔기 때문에 성령을 받은 후에야 사역을 시작하실 수 있었고 성령을 받은 후에도 매일 오랜 시간의 기도를 통해 육신을 죽이는 작업을 하셔야 넘치는 성령님의 나타나심을 경험할 수 있었던 것입니다. 그렇다면 우리도 당연히 기도를 많이 해야 하지 않겠습니까?

"제자가 선생보다 낫지 못하다"고 했습니다.

사역하는 중에도 기도해야 한다

예수님은 사역하는 중에도 기도하셨습니다.

예수님에 대한 소문이 더욱 퍼지자 큰 무리가 말씀도 듣고 병 고침도 받으려고 모여들었습니다. 그때 예수님은 그들의 요구에 따라 쉬지 않고 움직이면서 사역한다고 몸이 탈진하신 것이 아니었습니다. 무엇을 하셨나요?

"예수의 소문이 더욱 퍼지매 수많은 무리가 말씀도 듣고 자기 병도 고침을 받고자 하여 모여 오되 예수는 물러가사 한적한 곳에서 기도하시니라."(눅 5:15~16)

예수님은 물러가 외딴 곳으로 가서 기도하셨습니다.

이것은 5분, 10분 기도했다는 말이 아닙니다. 그러려면 그렇게 혼자 외딴 곳으로 가실 필요가 없었습니다. 며칠간 종일 기도하기 위해 일어나 움직이신 것입니다. 그리고 다시 돌아와서 가르치실 때 어떤 일이 생겼습니까?

"하루는 가르치실 때에 갈릴리의 각 마을과 유대와 예루살렘에서 온 바리새인과 율법교사들이 앉았는데 병을 고치는 주의 능력이 예수와 함께 하더라."(눅 5:17)

그렇습니다. 예수님의 능력의 비결은 기도였습니다.

그분은 사역하면서도 언제든지 멈추고 한적한 곳에 가서 한나절 또는 종일 기도하셨습니다. 우리도 그래야 합니다. 분주하게 먹고 마시며 사람들을 만난다고 돌아다니지 말아야 합니다. 나는 꼭 필요한 경우가 아니고는 사람들을 만나러 돌아다니지 않습니다. 사람들은 말합니다.

"나도 그래요. 누가 필요 없는 만남을 하러 먼 길을 달려가나요? 시간도 돈도 아깝습니다."

하지만 그런 경우가 정말 많습니다. 꼭 필요한지 아닌지는 내가 모릅니다. 성령님만 아십니다. 그러므로 사람들을 만날 계획을 잡기 전에 성령님께 물어야 합니다.

"성령님, 어떻게 할까요? 그 사람을 만날까요?"

그러면 성령님께서 '만나라, 만나지 마라, 내일 만나라, 10년 후에 만나라'고 말씀하십니다. 사도행전을 보면 주의 종들이 다들 그렇게 묻고 사람들을 만났습니다.

베드로가 고넬료 집에 심방할 때 성령님의 인도를 받았고 아나니아가 바울에게 안수할 때도 그랬습니다.

빌립도 성령님의 이끌림을 받았습니다.

유명세를 따라 빽빽한 스케줄을 잡고 밤낮 많은 사람들을 만나는 것은 어리석고 미련한 짓입니다. 나도 그런 적이 있습니다. 내 책을 읽은 사람들이 종일 종야로 나를 만나겠다고 연락이 왔고 나는 그들을 상담한다고 늦은 밤에도 매일 시간을 냈습니다. 그렇게 하는 것이 양을 사랑하는 것인 줄 알았는데 주님은 다르게 말씀하셨습니다.

"나는 베드로에게 '네가 양을 사랑하느냐?'라고 묻지 않았다. '네가 나를 사랑하느냐?'라고 물었다. 너는 나를 사랑하느냐? 그렇다면 나와 시간을 보내야 한다."

주님을 사랑하는 사람이 주님의 양을 먹이고 칠 수 있는 자격이 있습니다. 주님을 사랑하려면 오로지 기도하면서 주님과 시간을 보내야 합니다. 그래서 사도들은 잡무를 일로 삼지 않고 기도하겠다고 결심했습니다. "우리는 오로지 기도하는 일과 말씀 사역에 힘쓰리라."(행 6:4)

사역이 성공적으로 진행되고 있다고 기도를 멈추어서는 안 됩니다. 사역에 복을 받아서 소문이 더욱 더 퍼질 때 조심해야 합니다. 나는 사역에 큰 성공을 거두어 전국과 세계를 돌아다니는 한 사역자를 만났는데 그는 기도하지 않고 있었습니다. 그의 찬양과 간증에는 기름 부으심이 없었으며 엄청난 고통과 시련 가운데서도 그는 기도하지 않고 있었습니다. 그러면서 강사로 초청 받으면 군중 앞에서 자신의 고생한 것을 간증하며 사람들의 감정을 자아내는 쇼를 하고 있었습니다. 시간 내어 기도에 헌신하지 않는 사람은 큰 부끄러움과 수치를 당하게 될 것입니다.

성공할수록 두려운 마음으로 기도 시간을 더 늘려야 합니다. 겉으로 드러나는 성공은 다 통의 한 방울 물과 같고 저울의 작은 티끌 같습니다. 그런 것은 아무것도 아닙니다. 당신이 누리고 있는 모든 성공보다 성령님의 임재와 기름 부으심을 억만 배나 크게 여기십시오. 자나 깨나 성령님의 얼굴과 능력을 구하십시오. "여호와와 그의 능력을 구할지어다. 그의 얼굴을 항상 구할지어다."(시 105:4)

사역이 끝난 후에도 기도해야 한다

예수님은 사역이 끝난 후에도 기도하셨습니다.

"이 때에 예수께서 기도하시러 산으로 가사 밤이 새도록 하나님께 기도하시고."(눅 6:12)

예수님은 안식일에 회당에 들어가서 가르치시고 그 자리에 있는 오른손이 마른 사람을 치유하셨습니다. 그러자 서기관과 바리새인들이 노기가 가득하여 예수를 어떻게 할까 서로 의논했습니다. 이때 예수님은 기도하려고 산으로 가셨고 혼자 밤새우며 하나님께 기도하셨습니다.

예수님은 안식일에 회당에서 설교와 치유 사역을 잘 끝내셨습니다. 하지만 예수님은 그것으로 성공했다며 끝내지 않으셨고 다시 기도하러 한적한 곳에 가셨습니다.

오늘날 많은 사역자들이 사역하기 전에, 사역하는 중에 긴장합니다. 하지만 사역을 끝낸 후에 긴장이 풀립니다.

그런 후에 문제가 생깁니다. 영적인 사역은 잘했지만 몸이 너무 지쳐 있기 때문에 그 곤한 몸을 어떻게 해야 할

지 몰라 당황하게 되는 것입니다. 그래서 멋지게 사역하고
난 다음에 죄를 짓고 타락하는 경우가 많습니다.

나는 그런 경우를 여러 책을 통해 발견했습니다.

많은 사역자들이 이런 고백을 했습니다.

"나는 찬양 사역, 설교 사역이 끝나면 온갖 더러운 영상
을 본다. 내 몸이 너무 고달프고 마음이 텅 빈 것처럼 허전
해서 견딜 수 없기 때문에 그런 걸로 채워야 한다."

사역자들이 그런 고단한 몸과 텅 빈 마음을 어떻게 해
결해야 하는지 몰라서 그런 것입니다. 심하면 큰 타락으로
이어질 수 있고 그러면 큰 부끄러움을 당합니다.

많은 사역자들이 엄청난 권능을 나타내며 군중에게 사
역한 후에 힘들어 합니다. 어떻게 하면 될까요? 기도하면
됩니다. 사역이 끝난 후에 한 시간 이상 기도해야 합니다.

나는 예전에 사역이 끝나고 몸과 마음이 힘든 경우 온
천에 가곤 했습니다. 요즘은 온천에 가지 않고 영혼의 온
천에 갑니다. 영혼의 온천은 '기도의 골방'을 말합니다.

나는 주일에 많은 사역을 하는데 찬양 인도, 합심 기도,
설교, 안수 기도, 상담을 합니다. 주일에 그 모든 사역이
끝나면 집으로 달려가 소파에 앉아 드라마를 보거나 침대
에 누워 잠을 청하는 것이 아니라 사모와 함께 교회에 남
아 한 시간 정도 기도합니다. 그렇게 기도하면 신기하게도

곤한 몸과 텅 빈 마음이 완전히 회복됩니다.

이것이 가장 좋은 방법입니다. 이 말을 기억하십시오.

"사역이 끝난 후에도 한 시간 이상 기도하라."

나는 습관을 따라 매번 그렇게 합니다.

만약 지방에서 집회를 마치고 기도할 시간이 없이 바로 움직여야 한다면 차 안에서 운전하면서 한 시간 정도 기도합니다. 그러면 몸과 마음에서 쌓인 피로와 고단함이 싹 사라집니다. 내가 이렇게 기도하기 때문에 몸의 고단함과 마음의 텅 빔 현상이 없습니다. 놀라운 비밀입니다.

사역하기 전에 기도하고 사역하는 중에 기도하고 사역한 후에 기도하지 않으면 어떻게 될까요? 사역하기 전에 부부 싸움하고 사역하는 중에 분노하고 사역한 후에 낙심하여 죄를 짓게 됩니다. 끝까지 깨어 있어야 합니다.

모세는 그러지 못했기 때문에 하나님께 받은 십계명 돌판을 집어 던지고 지팡이로 반석을 두 번 내리치고 결국은 가나안 땅에 못 들어갔습니다. 엘리야도 사역한 후에 기도하지 않아서 큰 낙심과 우울증에 빠져들어 죽고 싶다고 토로했습니다. 베드로를 비롯한 사도들이 기도하지 않았기 때문에 예수를 부인하고 도망갔고 데마는 세상이 더 좋다며 사역을 내팽개치고 떠났습니다. 당신은 어떤가요?

우리는 한순간도 놓치지 말고 깨어 있어야 합니다.

"예수 그리스도는 어제나 오늘이나 영원토록 동일하시니라"(히 13:8)고 했습니다. 우리 안에 살아 계신 예수님은 어제나 오늘이나 영원토록 기도하십니다. 그러므로 우리도 어제나 오늘이나 영원토록 기도해야 합니다.

우리 안에 계신 예수님은 기도자이십니다.

그분은 당신이 기도하기 원하십니다.

안수에 대한 확고한 믿음을 가지라

당신은 안수라는 말이 낯설지 않습니까?

수십 년간 교회를 다니고 집사와 장로, 목사가 되어도 안수 받는 것을 자연스럽게 생각하지 않고 어색해 하는 사람이 많습니다. 그들은 뒤로 물러나면서 말합니다.

"안수를 꼭 해야 하나요? 안수를 꼭 받아야 하나요?"

안수는 사람이 아닌 하나님이 정하신 것입니다.

첫째, 하나님께서 직접 제사장에게 수송아지와 숫양에게 안수하라고 명하셨습니다. 그럴 때 사람들의 죄가 짐승에게로 옮겨졌고 그런 상태에서 그 짐승을 잡아 피 흘려 죽였는데 그것이 곧 속죄제였습니다. "너는 수송아지를 회막 앞으로 끌어오고 아론과 그의 아들들은 그 송아지 머리에 안수할지며 너는 회막 문 여호와 앞에서 그 송아지를 잡고 그 피를 네 손가락으로 제단 뿔들에 바르고 그 피 전부를 제단 밑에 쏟을지며 내장에 덮인 모든 기름과 간 위에 있는 꺼풀과 두 콩팥과 그 위의 기름을 가져다가 제단위에 불사르고 그 수소의 고기와 가죽과 똥을 진 밖에서 불사르라 이는 속죄제니라."(출 29:10~14)

이 제물은 오실 그리스도의 모형입니다.

둘째, 모세는 후계자인 여호수아에게 안수했습니다.

"모세가 눈의 아들 여호수아에게 안수하였으므로 그에게 지혜의 영이 충만하니라."(신 34:9)

모세가 안수함으로 여호수아에게 지혜의 영이 충만했다고 했는데 만약 모세가 안수하지 않았다면 그런 일이 없었을 것입니다. "다른 방법도 있지 않나요? 어떻게든 지혜의 영을 주시지 않았을까요?" 물론 있을 것입니다.

그런데 왜 굳이 성경에 나오는 것을 피하려고 합니까?

하나님이 정하신 가장 좋은 방법은 안수였습니다. 어떤 것이 좋다며 행하라고 정하는 것은 종인 우리가 아니라 주인이신 하나님이 하십니다. 하나님이 "내가 이렇게 하기로 정했다. 나는 이것을 가장 좋은 방법으로 여긴다"고 말씀하시면 종인 우리는 그것이 내 마음에 안 들고 생소하더라도 인정하고 존중하고 순종하고 헌신해야 합니다.

"왜 꼭 안수해야 하나요? 다른 방법은 없나요?"

그렇게 말하는 것은 종의 태도가 아닙니다.

나는 그동안 많은 주의 종들에게 안수했는데 내가 안수함으로 병 고침 받고 귀신이 쫓겨 나간 사람이 있지만 지혜의 영이 충만해진 사람도 있습니다. 나는 많은 경우 다른 사람에게 안수 기도할 때 "성령을 부어 주시고 하나님의 지혜로 가득 채워 주세요"라고 축복합니다. 어제도 3명에게 안수했는데 더 많은 지혜를 달라는 기도를 해주었습니다. 그리고 예수 이름으로 명령까지 내렸습니다.

"예수 그리스도의 이름으로 명하노니 머릿속에 있는 150억 개 이상의 뇌세포는 최대한의 기능을 발휘하며 가동될지어다. 기억력과 집중력과 이해력과 창의력이 수천 배로 증가될지어다. 날이 갈수록 머리가 좋아질지어다."

하나님은 우리에게 "더 많은 지혜를 구하라. 그러면 주겠다"고 약속하셨습니다. "너희 중에 누구든지 지혜가 부족하거든 모든 사람에게 후히 주시고 꾸짖지 아니하시는 하나님께 구하라. 그리하면 주시리라."(약 1:5)

"지혜가 없거든 구하라"고 하지 않았습니다.

모든 사람은 어느 정도의 지혜가 있습니다. "지혜가 부족하거든 구하라"고 했습니다. 누구든지 새로운 일과 더 큰 일을 하려면 지혜가 부족함을 느끼게 됩니다. 그럴 때 구하라고 하신 것입니다. 하나님은 지혜에 대해서는 매우 후하십니다. "모든 사람에게 후히 주신다"고 하셨습니다.

"하나님께 구하라. 그러면 주신다"고 약속했습니다.

나는 20세에 하나님께 '성령과 지혜'를 구했고 받았습니다. 하지만 지금도 계속 더 많은 성령과 지혜를 달라고 구합니다. 이때 구하는 성령은 '내주하시는 성령님'이 아닌 '성령님의 나타나심'을 말합니다. 성령님의 나타나심은 개인의 구원에만 한정되지 않고 한 동네와 지역을 넘어 도시와 국가와 열방의 백성들을 위해 증가해야 합니다.

나는 10만 명, 100만 명이 모이는 전도 집회를 열게 해 달라고 기도하며, 한두 명이 아닌 한 번에 수천 명이 치유 받고 악한 영으로부터 자유를 얻는 큰 기름 부으심을 구합니다. 당신도 이러한 기름 부으심 곧 성령님의 나타나심을 어릴 때부터 구하되 평생 더욱 간절히 구해야 합니다.

지혜도 그렇습니다. 나는 더 큰일을 감당하기 위해 더 많은 지혜가 나타나기를 사모하며 간절히 구합니다.

당신은 왜 더 많은 지혜를 구하지 않고 계속 그 자리에 머물러 있습니까? 왜 10년 전과 다를 바 없습니까?

성경은 "너희가 얻지 못함은 구하지 않았기 때문이다.

구하고 찾고 두드리라. 그러면 얻는다"고 하셨습니다.

셋째, 예수님은 안수를 통해 치유하셨습니다. "해 질 무렵에 사람들이 온갖 병자들을 데리고 나아오매 예수께서 일일이 그 위에 손을 얹으사 고치시니."(눅 4:40)

안수할 때 어떤 일이 있었습니까? 귀신들이 정체를 드러내며 소리를 지르고 떠나갔습니다. "여러 사람에게서 귀신들이 나가며 소리 질러 이르되 당신은 하나님의 아들이니이다. 예수께서 꾸짖으사 그들이 말함을 허락하지 아니하시니 이는 자기를 그리스도인 줄 앎이러라."(눅 4:41)

"안수"라는 헬라어 단어에는 '축복하다'(마 19:13~15)와 함께 '체포하다'(마 26:50)는 뜻도 있습니다. 사람을 체포할 때 손을 대어 잡습니다. 우리가 예수 이름으로 안수할 때 성령님이 손을 대어 그 사람 안에 숨어 있는 악한 영을 잡아내어 체포합니다. 놀랍지 않습니까?

내가 사람들에게 안수하며 "전능하신 주 예수님, 축복하소서"라고 하면 순간 그 사람 속에 숨어 있던 악한 영이 체포되어 위로 끌려 올라와 정체를 드러냅니다. 그때 내가 "예수 이름으로 명하노니 나가라"고 말하면 더러운 귀신이 소리를 지르며 병과 저주를 가지고 즉시 떠나갑니다.

하나님이 정하신 안수의 힘을 믿으십시오.

넷째, 사도들이 안수할 때 성령이 임했습니다.

안수하지 않았는데 성령이 임하는 경우도 있습니다.

오순절 성령 강림이 그랬고 베드로가 고넬료 가족에게 심방 가서 말씀을 전하는 중에 "예수 이름을 힘입어 죄 사함을 얻는다"고 말하는 순간 성령이 임했고 모두 방언을 말하기 시작했습니다. 이런 일은 지금도 종종 일어납니다.

한번은 내가 학생부 여름 수련회에서 예수님이 누구인지를 전하자 말씀을 듣는 중에 맨 뒤에서 구경하던 한 청년에게 성령이 임했고 온 몸을 덜덜 떨며 크게 흐느껴 울고 큰소리로 방언을 말하기 시작했습니다. 그 모습을 본 학생들이 모두 큰 경외심에 사로잡혀 무릎 꿇고 회개하며 기도하기 시작했고 다들 성령을 체험했습니다.

그 외 많은 경우에는 안수할 때 성령이 임했습니다.

지방의 한 교회에서 내 책을 읽은 목사님에게 연락이 왔습니다. "우리 교회 성도들이 모두 성령을 체험하고 방언 받기를 원합니다. 그런데 아무런 변화가 없어요. 40일 특별새벽기도회를 마치는 마지막 날에 김열방 목사님이 와서 안수 좀 해 주실 수 있나요? 부탁합니다."

나는 4시간에 걸쳐 차를 몰고 달려갔습니다.

그곳에는 1,000명이 모였는데 나는 그들에게 20분 정도 짧게 설교한 다음 모두 앞으로 나오라고 하며 안수하기 시작했습니다. 내가 예수 이름으로 담대하게 손을 얹는 순간 즉시 모두에게 성령이 임하고 방언을 말하기 시작했습니다. 안수하지 않았다면 그런 일은 없었을 것입니다.

또 한 번은 40일 금식 기도한 목사님이 나를 찾아왔는데 그분에게도 내가 예수 이름으로 안수하는 순간 즉시 성령의 권능이 임하고 입에서 방언이 흘러나왔습니다.

이런 일은 셀 수 없을 정도로 많습니다. 나는 20세부터 사람들에게 안수만 하면 다들 성령이 임하고 방언을 말하게 되는 은사를 받았습니다. 이러한 '안수의 은사'는 돈을 주고 살 수 없는 귀한 은사입니다. 성경에는 안수의 은사를 돈 주고 사려던 사람이 저주 받은 사건이 나옵니다.

"이에 두 사도가 그들에게 안수하매 성령을 받는지라. 시몬이 사도들의 안수로 성령 받는 것을 보고 돈을 드려 이르되 이 권능을 내게도 주어 누구든지 내가 안수하는 사람은 성령을 받게 하여 주소서 하니 베드로가 이르되 네가 하나님의 선물(안수의 은사)을 돈 주고 살 줄로 생각하였으니 네 은과 네가 함께 망할지어다."(행 8:17~20)

복음을 전할 때 큰 능력이 나타난다

당신은 설교할 때 복음을 전하고 있습니까?

주의 종들은 첫째로 기도를 많이 해서 육신을 죽여야 하며 그 후에는 오직 예수 그리스도 복음을 전해야 합니다. 예수님처럼 한적한 곳에 가서 오래 기도하지 않으면 아무리 철학 박사, 신학 박사라도 육신으로만 사역할 뿐 평생 자신의 목회에서 성령의 역사를 경험할 수 없습니다.

한 목사님이 말했습니다. "내가 은퇴할 때까지 30년 동안 설교했지만 한 명도 변화되지 않고 더 강퍅해졌다."

참으로 슬픈 일입니다. 왜 30년, 50년 사역했는데 아무 일도 일어나지 않고 교인들이 변화되지 않을까요?

예수님처럼 자신의 육신을 죽이는 기도 곧 오래 기도하지 않기 때문입니다. 유명세를 따라 큰 무리 앞에 서서 설교하는 것보다 더 중요한 것이 기도하는 일입니다.

우리는 예수님처럼 큰 무리를 떠나 한적한 곳에 가서 몇 시간 또는 종일 기도해야 합니다. 그러면 권능의 흰옷을 입게 되고 병을 고치는 주의 능력이 나타나게 됩니다.

그리고 그렇게 오래 기도했으면 반드시 성령을 힘입어 '복음'을 전해야 합니다. 복음을 전하지 않고 돈, 가족, 집, 차, 성공을 자랑하는 사람이 있는데 다 헛된 짓입니다.

그런 것은 통의 한 방울 물과 같고 저울의 작은 티끌 같습니다. 아무것도 아니며 빈 깡통 같은 내용입니다.

빌립 집사처럼 오직 예수 그리스도 복음을 전해야 합니

다. 아무리 기도 많이 해도 복음을 전하지 않으면 능력이 나타나지 않습니다. "기본적으로 다들 복음을 전하지 않나요? 아니면 설교 시간에 뭘 전하나요?"

그러면 얼마나 좋을까요? 하지만 놀랍게도 오늘날 수많은 주의 종들이 복음만 빼고 다 이야기합니다. 성령님의 인도를 받지 못해서 그렇습니다. 설교자들은 죽도록 성령님을 의지해야 하며 바울과 빌립처럼 예수 그리스도와 그가 십자가에 못 박히신 것만 강단에서 전해야 합니다.

사도행전 8장에 나오는 빌립 집사는 치유와 축사의 은사가 있었지만 안수해서 성령이 임하는 은사는 없었습니다. 그런 빌립이 복음의 말씀 곧 그리스도를 전했습니다.

"그 흩어진 사람들이 두루 다니며 복음의 말씀을 전할새 빌립이 사마리아 성에 내려가 그리스도를 백성에게 전파하니 무리가 빌립의 말도 듣고 행하는 표적도 보고 한마음으로 그가 하는 말을 따르더라."(행 8:4~6)

빌립은 집사였고 사도도 선지자도 목사도 아니었는데 엄청난 표적이 나타났습니다. 하물며 우리는 더욱 그래야 하지 않겠습니까? 하나님의 권능이 더 많이 나타나게 해 달라고 간구해야 합니다. 빌립은 한두 명이 아닌 많은 사람에게 붙은 귀신을 쫓아냈고 많은 병자를 고쳤습니다.

"많은 사람에게 붙었던 더러운 귀신들이 크게 소리를

지르며 나가고 또 많은 중풍병자와 못 걷는 사람이 나으니 그 성에 큰 기쁨이 있더라."(행 8:7~8)

기도하는 사람에게는 이런 일이 자연스러운 현상이지만 기도 안 하는 사람에게는 평생 한 번도 볼 수 없는 현상입니다. 하나님의 능력이 없을 때는 교회 안에서 마술하는 사람이 인기를 누립니다. 마술은 사람을 속이는 것입니다.

어떤 이유에서든 교회 안에서는 마술을 하지 말아야 합니다. 속임수로 사람을 놀라게 하면 복음도 속임수인 줄로 알게 될 것입니다. 그런 자에게 저주가 있을 것입니다.

"그 성에 시몬이라 하는 사람이 전부터 있어 마술을 행하여 사마리아 백성을 놀라게 하며 자칭 큰 자라 하니 낮은 사람부터 높은 사람까지 다 따르며 이르되 이 사람은 크다 일컫는 하나님의 능력이라 하더라. 오랫동안 그 마술에 놀랐으므로 그들이 따르더니."(행 8:9~11)

하나님의 나라는 마술을 하지 않아도 됩니다. 진짜 하나님의 큰 능력이 있기 때문입니다. 성령이 임하면 권능을 받고 큰 표적과 기사가 나타나면 모두 하나님을 찬송하게 됩니다. 마술은 사람을 크다며 높이고 권능은 하나님의 위대하심을 찬양합니다. 교회 안에서는 어떤 일을 할 때 그것을 통해 누구에게 영광 돌리는지 잘 살펴야 합니다.

우리는 먼지 같은 사람의 영광을 구하지 말고 해와 달

과 모든 별들을 지으신 하나님의 영광을 구해야 합니다.

빌립이 복음을 전했을 때 많은 치유와 구원의 역사가 일어났습니다. 사람들은 회개하고 예수를 믿게 되었고 세례를 받았습니다. "빌립이 하나님 나라와 및 예수 그리스도의 이름에 관하여 전도함을 그들이 믿고 남녀가 다 세례를 받으니."(행 8:12) 우리의 사역도 그래야 합니다.

오늘날 어떤 목회자들은 물로 세례는 주는데 능력이 없습니다. 빌립은 집사였지만 권능도 나타났고 세례도 주었습니다. 빌립이 무엇을 전했습니까? 하나님의 나라를 전했습니다. 다가올 하나님의 나라도 있지만 "하나님의 나라가 성령을 통해 권능으로 임했다"는 것을 전했습니다.

예수님은 제자들에게 "나라가 임하옵시며"라고 기도하라고 가르치셨습니다. 우리가 예수님처럼 오래 기도할 때 하나님의 나라가 성령으로 곧 눈에 보일 정도의 큰 권능으로 이 땅에 임합니다. 그러면 더러운 귀신이 소리를 지르며 떠나가고 중풍병자와 못 걷는 사람들이 많이 치유됩니다. 많은 사람들이 예수를 믿고 세례를 받게 됩니다.

마법을 행하는 자들도 크게 놀라며 자신이 얼마나 부끄러운 존재인지 알게 됩니다. 교회 안에서 마법을 행하는 자들이 칭송받는다는 것은 하나님의 권능이 없다는 증거이며 이것은 곧 기도하지 않는 교회의 수치입니다. "시몬도 믿고 세례를 받은 후에 전심으로 빌립을 따라다니며 그 나타나는 표적과 큰 능력을 보고 놀라니라."(행 8:13)

그리고 사도들이 안수할 때 성령이 임했습니다.

"예루살렘에 있는 사도들이 사마리아도 하나님의 말씀을 받았다 함을 듣고 베드로와 요한을 보내매 그들이 내려가서 그들을 위하여 성령 받기를 기도하니 이는 아직 한 사람에게도 성령 내리신 일이 없고 오직 주 예수의 이름으로 세례만 받을 뿐이더라. 이에 두 사도가 그들에게 안수하매 성령을 받는지라."(행 8:14~17)

당신은 이 사건에 대해 어떻게 생각합니까?

"예수를 구주로 믿고 세례까지 받았으면 끝난 것이다. 더 이상 우리에게 무엇이 필요한가?"라고 말하는 사람이 있습니다. 우리는 성경을 있는 그대로 믿어야 합니다.

성령님의 나타나심에 대해 철학적으로 문학적으로 신학적으로 어떠하다며 자기 마음대로 해석하면 안 됩니다.

사도들이 누구를 보냈습니까? 이방인이 하나님의 말씀을 받았다는 소식을 듣고 베드로와 요한을 보냈습니다. 그들이 내려가서 무엇을 했습니까? "성령 받기를 기도했다"고 했습니다. 그리고 "이는 아직 한 사람에게도 성령 내리신 일이 없었기 때문이다"라고 했습니다. 당신의 교회는 어떻습니까? "하나님의 말씀을 받았다. 물로 세례를 받았다." 그러면 끝난 걸까요? 아닙니다. 나도 어릴 때 하나님의 말씀을 받았고 십대에 목사님에게 물세례를 받았습니다. 나는 구원의 확신 가운데 거했고 "나는 하나님의 자녀다. 지금 당장 죽어도 천국에 간다"고 목에 힘주어 말했습니다. 하지만 내게는 위로부터 오는 능력이 없었습니다.

예수님은 "주는 그리스도시요 하나님의 아들이시니이다"라고 고백한 베드로를 비롯한 모든 제자들에게 기도하며 성령을 기다리라고 말씀하셨습니다. "사도와 함께 모이사 그들에게 분부하여 이르시되 예루살렘을 떠나지 말고 내게서 들은 바 아버지께서 약속하신 것을 기다리라. 요한은 물로 세례를 베풀었으나 너희는 몇 날이 못 되어 성령으로 세례를 받으리라 하셨느니라."(행 1:4~5)

다른 곳에는 이렇게 기록되어 있습니다.

"볼지어다, 내가 내 아버지께서 약속하신 것을 너희에게 보내리니 너희는 위로부터 능력으로 입혀질 때까지 이 성에 머물라 하시니라."(눅 24:49)

이 말을 들은 500명 중에 380명이 그런 건 필요 없다며 떠났고 120명만 남아 '기도와 찬송'에 힘썼습니다. "여자들과 예수의 어머니 마리아와 예수의 아우들과 더불어 마음을 같이하여 오로지 기도에 힘쓰더라."(행 1:14)

"그들이 그에게 경배하고 큰 기쁨으로 예루살렘에 돌아

가 늘 성전에서 하나님을 찬송하니라."(눅 24:52~53)

우리도 기도에 힘쓰고 늘 성전에서 하나님을 찬송해야 합니다. 물론 역사적인 성령 강림은 2,000년 전 오순절에 임했고 그걸로 끝입니다. 성령님은 이 땅에 와 계십니다.

하지만 예수님이 눈에 보이는 육체로 오셨을 때 십자가에 못 박은 사람이 있었던 것처럼 성령님이 눈에 보이지 않는 영으로 오셨는데 십자가에 못 박는 사람이 있습니다.

성경과 다른 생각과 말, 신학으로 성령님을 인격적으로 무시하고 짓밟는 것입니다. 이것은 성령님을 모독하는 것이며 그분을 근심시키는 것입니다. 제발 귀하신 성령님을 슬프게 하거나 그분의 마음을 상하게 하지 마십시오.

이스라엘 백성들이 광야에서 그랬습니다. "그들이 반역하여 주의 성령을 근심하게 하였으므로 그가 돌이켜 그들의 대적이 되사 친히 그들을 치셨더니."(사 63:10)

바울은 말했습니다. "하나님의 성령을 근심하게 하지 말라."(엡 4:30) 여기서 "근심하게 하지 말라"는 말은 '슬프게, 우울하게 하지 마라'는 뜻입니다. 성령님의 기분을 상하게 하면 그분이 뒤로 물러나십니다. 우리는 성령님을 인정하고 존중하고 경외하고 찬송하고 예배해야 합니다.

지금은 성령님의 시대입니다. 성령님이 각 사람에게 능력으로 임하는 것이 필요합니다. 이는 강력한 성령님의 나타나심입니다. 이에 베드로와 요한은 사마리아에 가서 안수했고 그들이 성령을 받고 방언을 말하게 되었습니다.

마법사 시몬은 이러한 성령이 임하는 것과 안수의 은사를 돈으로 사려고 악한 생각과 말을 했습니다.

"시몬이 사도들의 안수로 성령 받는 것을 보고 돈을 드려 이르되 이 권능을 내게도 주어 누구든지 내가 안수하는 사람은 성령을 받게 하여 주소서 하니 베드로가 이르되 네가 하나님의 선물을 돈 주고 살 줄로 생각하였으니 네 은과 네가 함께 망할지어다. 하나님 앞에서 네 마음이 바르지 못하니 이 도에는 네가 관계도 없고 분깃 될 것도 없느니라. 그러므로 너의 이 악함을 회개하고 주께 기도하라. 혹 마음에 품은 것을 사하여 주시리라. 내가 보니 너는 악독이 가득하며 불의에 매인 바 되었도다. 시몬이 대답하여 이르되 나를 위하여 주께 기도하여 말한 것이 하나도 내게 임하지 않게 하소서 하니라. 두 사도가 주의 말씀을 증언하여 말한 후 예루살렘으로 돌아갈새 사마리아인의 여러 마을에서 복음을 전하니라."(행 8:18~25)

시몬은 사도들의 안수로 성령 받는 것을 눈으로 똑똑히 보았습니다. 성령이 임하는 것은 눈으로 보일 정도로 생생했습니다. 방언만 아니라 성령님의 임재가 그랬습니다.

시몬은 빌립의 말을 듣고 예수를 구주로 믿었고 세례까

지 받았습니다. 그런데 성령님에 대해서는 몰랐고 육신의 생각을 따라 크게 오해했습니다. 오늘날도 구원 받고 물세례까지 받았지만 성령님에 대해 죄짓는 사람들이 많습니다. 그런 사람은 회개하고 주께 기도해야 합니다.

베드로는 저주까지 하며 그를 강하게 질책했습니다.

"하나님 앞에서 네 마음이 바르지 못하다. 내가 안수함으로 사람들이 성령을 받는 이 도에 대해서는 네가 차지할 자리도 몫도 없다. 회개하고 주께 기도하라. 그러면 네 나쁜 생각을 용서받을지도 모른다."

당신은 여기에 등장한 빌립, 베드로와 요한, 시몬, 사마리아 사람들 중에 어떤 사람이 되고 싶습니까? 겸손한 마음으로 성령님의 나타나심을 사모하기 바랍니다.

안수하기 전에 많이 기도하라

당신은 안수의 은사를 사모합니까?

나는 안수의 은사를 사모하고 받았습니다. 하지만 안수함으로 성령이 임하는 것은 아무나 하는 일이 아닙니다.

그것은 사람이 선택해서 자기 마음대로 하는 것이 아니라 하나님이 선택하시고 불러 세우시는 것입니다.

하나님이 부르신 주의 종은 기도를 많이 해야 합니다.

은이나 금으로는 성령의 권능을 살 수 없습니다.

육신을 가진 인간은 그보다 억만 배나 더 귀한 값을 지불해야 합니다. 그것이 무엇일까요? 생명입니다. 생명을 다른 말로 하면 '시간'입니다. 시간을 내어 하나님께 엎드려 오래 기도해야 합니다. 이것이 육신을 죽이는 길입니다. 기도하지 않는 사람은 함부로 안수하면 안 됩니다.

예수님은 이 땅에 계실 때 금보다 억만 배나 귀한 자신의 몸을 드려 기도하셨습니다. 로마서 12장 1절에 말씀합니다. "그러므로 형제들아 내가 하나님의 모든 자비하심으로 너희를 권하노니 너희 몸을 하나님이 기뻐하시는 거룩한 산 제물로 드리라. 이는 너희가 드릴 영적 예배니라."

어떻게 몸을 산 제물로 드립니까? 기도와 찬송에 헌신하라는 것입니다. 그럴 때 성령님의 임재와 기름 부으심이 나타납니다. 바울과 실라는 감옥에서 '기도와 찬송'으로 자신의 몸을 하나님이 기뻐하시는 거룩한 산 제물로 드렸습니다. 그러자 감옥에 하나님의 큰 권능이 임했습니다.

"한밤중에 바울과 실라가 '기도하고 하나님을 찬송하매' 죄수들이 듣더라. 이에 갑자기 큰 지진이 나서 옥터가 움직이고 문이 곧 다 열리며 모든 사람의 매인 것이 다 벗어진지라."(행 16:25~26)

때로 성령의 권능은 사람의 몸만 흔드는 것이 아니라 건물도 흔듭니다. 그 정도로 강하고 실제적입니다.

예수님은 이 땅에 계실 때 아버지께 자신의 몸을 드려 오래 기도하셨습니다. 하루는 높은 산에 올라가 홀로 오래 기도하셨는데 그때 그분의 옷이 하얗게 변했습니다.

그분은 아버지께 자신의 몸을 드려 오랜 시간 기도함으로 값을 지불하고 권능의 흰옷을 사서 입으신 것입니다.

예수님이 말씀하십니다. "너희도 자신의 몸을 드려 오래 기도함으로 권능의 흰옷을 사서 입으라. 그런 후에 말씀을 전하고 찬송하고 안수하면 기름 부으심이 나타난다."

요한계시록 3장에 이런 내용이 있습니다.

"내가 너를 권하노니 내게서 불로 연단한 금을 사서 부요하게 하고 '흰 옷을 사서 입어' 벌거벗은 수치를 보이지 않게 하고 안약을 사서 눈에 발라 보게 하라."(계 3:18)

예수님은 세 가지 곧 '불로 연단한 금, 흰 옷, 안약'을 사라고 하셨습니다. 예수님은 모든 것을 자신의 피와 땀과 눈물로 값을 지불하고 모든 사람에게 공짜로 곧 은혜로 거저 주신 분인데 어째서 "사서 부요하게 하라. 사서 입어라. 사서 발라라"고 하셨을까요? 이것은 우리가 꼭 지불해야 하는 대가가 있다는 말입니다. 그것은 곧 은금이 아닌 몸입니다. 당신의 몸을 거룩한 산 제물로 드려야 합니다.

몸을 드리는 것은 헌신인데 어떻게 헌신합니까?

생명 곧 시간을 드리므로 가능합니다. 그 다음 구절을 보십시오. "무릇 내가 사랑하는 자를 책망하여 징계하노니 그러므로 네가 열심을 내라, 회개하라."(계 3:19)

이 말을 보면 단순히 봉사에 게으르지 말고 열심을 내라는 것처럼 느껴집니다. 사람들은 자기 행위를 돌아봅니다. 각자 자신이 했던 '교회 청소, 주방 일, 노방전도, 성가대 찬양, 안내와 주차 위원, 과부 접대' 등 온갖 봉사를 떠올리겠지만 결코 그렇지 않습니다. 그 다음 구절에 어떤 헌신인지 그분이 원하는 구체적인 내용이 나옵니다.

"볼지어다. 내가 문 밖에 서서 두드리노니 누구든지 내 음성을 듣고 문을 열면 내가 그에게로 들어가 그와 더불어 먹고 그는 나와 더불어 먹으리라."(계 3:20)

이것은 주님과의 친교 곧 기도를 말합니다. 이 말씀을 빌리 그래함 같은 복음 전도자들이 구원에의 초청에 많이 인용했지만 실제로는 라오디게아 교회 곧 이미 구원받은 성도들에게 주신 말씀입니다. 기도를 게을리 하고 있다는 책망입니다. 초대교회 사도들도 그랬습니다. 그들은 교인 수가 많아지고 재정도 넘치자 과부를 접대하는 일에 빠져들었고 그것을 일로 삼아 하루 종일 했습니다. 요즘으로 치면 아침 9시부터 오후 6시까지 그것을 주된 일로 했다는 말입니다. 그런데 그 일이 오히려 광야에서 원망과 불평으로 성령님을 슬프게 했던 이스라엘 백성들처럼 초대교회 안에 원망과 불평이 가득해지게 했습니다.

"그 때에 제자가 더 많아졌는데 헬라파 유대인들이 자기의 과부들이 매일의 구제에 빠지므로 히브리파 사람을 원망하니 열두 사도가 모든 제자를 불러 이르되 우리가 하나님의 말씀을 제쳐 놓고 접대를 일삼는 것이 마땅하지 아니하니 형제들아 너희 가운데서 성령과 지혜가 충만하여 칭찬 받는 사람 일곱을 택하라 우리가 이 일을 그들에게 맡기고 우리는 오로지 기도하는 일과 말씀 사역에 힘쓰리라 하니."(행 6:1~4)

그렇게 함으로 사도들은 유혹을 이겼습니다.

하지만 교회는 유혹에 지고 있었습니다. 무슨 말일까요? 그들이 일로 삼았던 잘못된 업무, 성령이 임한 목적과 전혀 상관없는 다른 일, 그들에게 마땅치 않았던 과부 접대의 일, 그 일을 일곱 집사에게 떠넘겼던 것입니다.

주님은 그들에게 기도를 게을리 하고 다른 봉사에 빠지게 하는 마귀와 육신의 유혹을 이기라고 촉구하셨습니다. 그리고 그 유혹을 이기는 자에게는 주님의 보좌에 함께 앉게 해주신다고 했습니다. "이기는 그에게는 내가 내 보좌에 함께 앉게 하여 주기를 내가 이기고 아버지 보좌에 함께 앉은 것과 같이 하리라. 귀 있는 자는 성령이 교회들에게 하시는 말씀을 들을지어다."(계 3:21~22)

사람의 말이 아닌 성령이 하시는 말씀을 들어야 합니다. 사람들은 말합니다. "마리아와 마르다, 둘 다 중요하지 않나요?" 그것은 사람의 생각이요 육신의 생각입니다.

예수님이 "마리아는 이 좋은 편을 택하였다"고 하셨을 때 그것은 조금 더 좋은 것이 아닌 억만 배나 좋은 것을 말합니다. 어떤 이는 "가인과 아벨, 에서와 야곱, 하갈과 사라, 이스마엘과 이삭, 마르다와 마리아, 다 필요하고 중요한데 한쪽만 너무 강조하지 마세요"라고 하는데 그런 것이 모두 육신의 생각입니다. 주권자이신 하나님의 생각을 받아들이지 않고 자기 생각을 내세우는 것입니다. 우리는 주인이 아닌 종입니다. 종은 주인의 뜻을 따라야 합니다.

주인의 뜻은 기도하는 일과 말씀 사역입니다. "우리는 오로지 기도하는 일과 말씀 사역에 힘쓰리라."(행 6:4)

결국 하나님은 구제 곧 접대하는 일이 아닌 '기도하는 일과 말씀 사역에 힘쓴 스데반의 순교'를 시작으로 온 교회에 큰 박해를 허락하셔서 엄청난 수의 예루살렘 교인들이 모두 온 유대와 사마리아로 흩어지게 하셨습니다.

"오직 성령이 너희에게 임하시면 너희가 권능을 받고 예루살렘과 온 유대와 사마리아와 땅 끝까지 이르러 내 증인이 되리라"(행 1:8)는 말씀대로 진행된 것입니다.

그 흩어진 자들이 무엇을 했습니다. 또 봉사를 위한 조직을 세우고 과부를 접대한 것이 아닙니다. 복음의 말씀을 전하며 성령의 권능을 나타냈습니다. 성경을 보십시오.

"경건한 사람들이 스데반을 장사하고 위하여 크게 울더라. 사울이 교회를 잔멸할새 각 집에 들어가 남녀를 끌어다가 옥에 넘기니라. '그 흩어진 사람들이 두루 다니며 복음의 말씀을 전할새' 빌립이 사마리아 성에 내려가 그리스도를 백성에게 전파하니라."(행 8:2~5)

우리도 스데반과 빌립처럼 오로지 기도하는 일과 말씀 사역에 힘써야 하겠습니다. 그럴 때 다시 성령님의 음성이 들리고 큰 권능이 나타나고 부흥이 일어납니다.

"주여, 큰 권능과 부흥을 주소서."

안수 사역을 게을리 하지 마라

안수를 게을리 하지 마라

당신은 안수 사역에 대한 믿음이 있습니까?

그것도 절대로 흔들리지 않는 굳은 믿음이 있습니까?

나는 안수 사역을 오랫동안 해 왔습니다. 20세부터 안수 사역을 해 왔으니 30년이 넘었습니다. 그러던 중 어느날 나는 안수 사역을 줄이기로 마음먹었습니다.

내가 직접 전국과 세계를 다니며 며칠 동안 군중들에게 설교하고 안수하는 사역이 힘들게 느껴졌기 때문입니다.

'어떻게 하면 좀 더 효과적인 사역을 할 수 있을까?'라고 고민하다가 책을 더 많이 내고 집회 사역을 줄이기로 한 것입니다. 나는 생각했습니다. '내가 쓴 책을 모든 단체의 대표들이 읽고 변화되면 그들이 내 책의 내용대로 설교하고 안수할 것 아닌가? 그러면 굳이 내가 직접 집회를 인도하러 다니지 않아도 더 큰 효과를 얻게 될 거야.'

그것은 내 생각이었습니다. 내가 집회를 다니며 안수하지 않으니까 안수할 때 나타나던 성령의 역사가 거의 없었습니다. 나는 가끔 나를 찾아오는 사람만 안수해 주었는데 하나님은 내게 주신 '안수의 은사'에 대한 책임을 물으실 것입니다. 하나님은 아나니아에게 바울을 위해 골방에서 기도하라고 하지 않고 찾아가서 안수하라고 하셨습니다.

"그 때에 다메섹에 아나니아라 하는 제자가 있더니 주께서 환상 중에 불러 이르시되 아나니아야 하시거늘 대답하되 주여 내가 여기 있나이다 하니 주께서 이르시되 일어나 직가라 하는 거리로 가서 유다의 집에서 다소 사람 사울이라 하는 사람을 찾으라 그가 기도하는 중이니라. 그가 아나니아라 하는 사람이 들어와서 자기에게 '안수하여' 다시 보게 하는 것을 보았느니라 하시거늘 아나니아가 대답하되 주여 이 사람에 대하여 내가 여러 사람에게 들사온즉 그가 예루살렘에서 주의 성도에게 적지 않은 해를 끼쳤다

하더니 여기서도 주의 이름을 부르는 모든 사람을 결박할 권한을 대제사장들에게서 받았나이다 하거늘 주께서 이르시되 가라 이 사람은 내 이름을 이방인과 임금들과 이스라엘 자손들에게 전하기 위하여 택한 나의 그릇이라 그가 내 이름을 위하여 얼마나 고난을 받아야 할 것을 내가 그에게 보이리라 하시니 아나니아가 떠나 그 집에 들어가서 그에게 '안수하여' 이르되 형제 사울아 주 곧 네가 오는 길에서 나타나셨던 예수께서 나를 보내어 너로 다시 보게 하시고 성령으로 충만하게 하신다 하니 즉시 사울의 눈에서 비늘 같은 것이 벗어져 다시 보게 된지라 일어나 세례를 받고 음식을 먹으매 강건하여지니라."(행 9:10~19)

안수해야 합니다. 사람들에게 극적으로 손을 내밀어 안수하는 것이 싫다고요? 육신의 생각입니다. 육신의 생각은 사망이요 하나님을 기쁘시게 할 수 없고 하나님과 원수가 됩니다. 하나님의 생각은 다릅니다. 하나님은 성경책을 통해서만 복음을 전하지 않고 성령을 보내셨습니다.

성령 받은 사람들이 직접 나가서 입을 열어 복음을 전하고 안수하게 하셨던 것입니다. 성경을 보십시오. "제자들이 나가 두루 전파할 새 주께서 함께 역사하사 그 따르는 표적으로 말씀을 확실히 증언하시니라."(막 16:20)

바울처럼 복음을 전하다 감옥에 갇혔다든지, 요한처럼

밧모섬에 유배를 당했다든지 해서 내가 직접 복음을 전하러 나갈 수 없는 형편이라면 어쩔 수 없이 문서 전도에만 의존해야 하지만 그렇지 않다면 반드시 '문서 전도'와 '직접 전도' 두 가지를 다 해야 합니다. 우리 몸에 양 팔이 있고 양 다리가 있는 것처럼 사역도 둘 다 해야 합니다.

예수님은 이 동네 저 동네로 다니며 안수하셨습니다.

예수님은 지금도 당신을 통해 안수하기 원하십니다.

안수 사역을 게을리 하면 책임을 물으실 것입니다.

안수 사역에 순종하고 헌신하십시오.

안수 사역을 멈추면 기적도 멈춘다

나는 한 때 더 이상 군중에게 안수하지 않겠다며 집회에 강사로 나가지 않았습니다. 그리고 부지런히 책만 계속 써냈습니다. 그 결과가 어땠을까요? 과연 더 많은 사람들이 내 책을 읽고 변화되었을까요? 맞습니다. 많은 사람들이 책을 읽고 깨달음을 얻고 삶의 변화를 경험했습니다.

하지만 그동안 직접 성령을 체험하거나 방언을 받거나 귀신이 쫓겨 나가거나 병든 몸이 치유 받거나 하는 일은 줄어들었습니다. "내 책을 읽는 동안 성령님의 임재가 강하게 느껴진다, 책을 읽고 혼자 기도하다가 방언을 받았고 치유를 얻었다"는 사람이 있긴 했지만 소수였습니다.

오히려 내 책을 읽은 많은 사람들이 내게 안수 받고 싶다며 나를 찾아왔습니다. 나도 그동안 수많은 다른 사람의 저서를 읽고 삶의 변화를 경험했지만 내가 저자를 직접 만나러 간 적은 딱 한 번뿐이었습니다. 나는 저자와의 만남에 대해 이렇게 생각했습니다. '누군가의 책을 읽고 그 저자를 찾아간다는 것은 정말 대단한 용기가 필요하구나. 내가 그렇게 많은 책을 읽었는데 단 한 명만 찾아갔잖아.'

놀랍게도 그동안 내 책을 읽고 나를 찾아온 사람은 셀 수 없을 정도로 많습니다. 하지만 나를 찾아오지 못한 사람은 수십만 명이나 됩니다. 주님은 내게 안수 사역이 매우 중대한 하나님의 사역이라는 깨달음을 주셨습니다.

예수님은 "내 아버지께서 이제까지 일하시니 나도 일한다"(요 5:17)고 했고 또 "아들이 아버지께서 하시는 일을 보지 않고는 아무 것도 스스로 할 수 없다. 아버지께서 행하시는 그것을 아들도 그와 같이 행한다"(요 5:19)고 하셨습니다. 그분이 매일 전도하고 안수하셨던 것입니다.

그렇다면 우리도 매일 전도하고 안수해야 합니다.

내가 어릴 때 우리 교회에서 피종진 목사님을 모시고 집회를 열었습니다. 그분은 모든 성도들에게 일일이 안수하셨습니다. 현신애 권사님도 그랬습니다. 수많은 암환자들의 냄새를 맡으면서 하나님의 사랑으로 손을 얹어 안수했고 그들의 몸에서 암이 쏟아져 나왔습니다.

나도 그분에게 여러 번 안수 받았습니다.

지금은 안수하는 사역이 더욱 중요해졌습니다. 안수하려면 넘치는 능력이 있어야 하는데 그러려면 많은 주의 종들이 만사를 제쳐 두고 종일 기도에 헌신해야 합니다.

초대교회는 성령이 임하고 권능을 받았지만 '더 큰 권능, 넘치는 권능'을 위해 간절히 빌며 기도했습니다.

사도행전 4장 29~31절을 보십시오.

"주여, 이제도 그들의 위협함을 굽어보시옵고 또 종들로 하여금 담대히 하나님의 말씀을 전하게 하여 주시오며 손을 내밀어 병을 낫게 하시옵고 표적과 기사가 거룩한 종 예수의 이름으로 이루어지게 하옵소서 하더라. 빌기를 다 하매 모인 곳이 진동하더니 무리가 다 성령이 충만하여 담대히 하나님의 말씀을 전하니라."

여기에 보면 "손을 내밀어 병을 낫게 해 달라"는 기도가 나옵니다. 손을 내밀지 않고도 병은 나을 수 있습니다. 예수님도 그렇게 병을 고치셨고 성경에 그런 적이 여러 번 나옵니다. 안수하지 않고 말씀으로만 병을 고친 경우, 옷자락에만 손을 대었는데 병이 나은 경우, 손수건만 던져도 악귀가 떠나가고 병이 나은 경우, 그림자만 지나가도 병이 나은 경우, 혼자 기도해서 응답으로 병이 나은 경우, 약과 음식 처방을 통해 병이 나은 경우가 나옵니다. 그러나 성경에서 가장 자주 언급되는 치유 방법은 '안수'입니다.

"해 질 무렵에 사람들이 온갖 병자들을 데리고 나아오매 예수께서 일일이 그 위에 손을 얹으사 고치시니 여러 사람에게서 귀신들이 나가며."(눅 4:40~41)

예수님은 일일이 안수하며 병자를 고치고 귀신을 쫓아내셨고 안수를 모든 교회의 기본 교리로 정하셨습니다.

건축도 기초가 중요하듯 신앙도 기초가 중요합니다.

그리스도가 직접 정하신 기본 교리가 무엇일까요?

"그러므로 우리가 그리스도의 도의 초보를 버리고 죽은 행실을 회개함과 하나님께 대한 신앙과 세례들과 안수와 죽은 자의 부활과 영원한 심판에 관한 교훈의 터를 다시 닦지 말고 완전한 데로 나아갈지니라."(히 6:1~2)

안수는 예수님이 정하신 교리다

이 구절은 〈새번역성경〉에 이렇게 나옵니다.

"그러므로 우리는 '그리스도교의 초보적 교리'를 제쳐놓고서 성숙한 경지로 나아갑시다. 죽은 행실에서 벗어나는 회개와 하나님에 대한 믿음과 세례에 관한 가르침과 안수와 죽은 사람의 부활과 영원한 심판과 관련해서 또 다시 기초를 놓는 일이 없어야 하겠습니다. 하나님께서 허락하시면 우리는 그렇게 할 수 있을 것입니다."(히 6:1~2)

여기에서 다섯 가지를 이야기합니다. 무엇일까요?

첫째, 죽은 행실에서 벗어나는 회개입니다.
둘째, 하나님에 대한 믿음입니다.
셋째, 세례에 관한 가르침입니다.
넷째, 안수입니다.
다섯째, 죽은 사람의 부활과 영원한 심판입니다.

이것은 모든 어린 그리스도인이 당연히 먹어야 하는 젖입니다. "시간적으로 보면 이미 교사가 되었어야 할 사람들이 다시금 하나님의 말씀의 초보적인 '원리'를 다른 사람에게서 배워야 할 처지에 놓였다"고 성경은 말합니다.

원리(原理, principle)는 한두 번이 아닌 '평생 기억하고 실천해야 하는 중대한 법칙'을 말합니다. 원리는 놓치면 다시 습득해야 하며, 굳게 붙들어야 합니다. 기본적인 원리 위에 다른 것을 세우며 조금씩 성장해 나가야 합니다.

기본적인 것이 정착 안 된 어린 아이가 많습니다.

"시간으로 보면 여러분은 이미 교사가 되었어야 할 터인데 다시금 하나님의 말씀의 초보적 원리를 남들에게서 배워야 할 처지에 놓여 있습니다. 여러분은 단단한 음식물이 아니라 젖을 필요로 하는 사람이 되었습니다. 젖을 먹고서 사는 이는 아직 어린아이이므로 올바른 가르침에 익숙하지 못합니다. 그러나 단단한 음식물은 장성한 사람들의 것입니다. 그들은 경험으로 선과 악을 분별하는 세련된 지각을 가지고 있는 사람들입니다."(히 5:12~14)

당신은 어떤 종류에 속합니까?

젖을 필요로 하는 사람이 잘못된 것이 아닙니다.

단지 아직 어린아이의 수준에 머물고 있으며, 그렇다면 당연히 젖을 먹어야 합니다. 젖이 무엇일까요? 그리스도교의 초보적인 교리를 알고 꾸준히 실천하는 것입니다.

이러한 그리스도교의 초보적인 교리는 어떤 교단이나 개인이 만든 것이 아닙니다. 그리스도가 직접 만든 것입니다. 그러므로 이러한 다섯 가지 교리에 대해 어떤 부정적인 표현도 함부로 하지 말아야 합니다. 이것을 대적하는 것은 그리스도를 대적하는 것이 되기 때문입니다.

"죽은 행실에서 벗어나는 회개가 뭐 필요해?"

"하나님에 대한 믿음을 가르치는 것이 뭐 필요해?"

"세례에 대한 가르침이 뭐 필요해?"

"안수에 대해 가르치고 실천하는 것이 뭐 필요해?"

"죽은 사람의 부활과 영원한 심판에 대한 가르침이 뭐 필요해?"

그렇게 말하지 말아야 하며 그렇게 부정적으로 말하는 사람을 멀리 해야 합니다. 그것이 어떤 것이든 그리스도의 것이라면 절대로 부정적인 생각과 말과 행동을 하지 말고 있는 그대로 인정하고 받아들이고 존중하고 실천해야 합니다. 이것이 그리스도와 마음을 합하는 것입니다.

주의 종들의 필수 사역 다섯 가지

이것은 주의 종들의 필수 사역입니다.

첫째, 주의 종은 회개의 교리를 전해야 합니다.

나는 성경 말씀을 읽고 깨달으면 회개합니다. 성령님의 음성을 듣고 깨달으면 또 회개합니다. 나는 날마다 회개하고 더 많이 회개합니다. 우리 모두 회개해야 합니다.

둘째, 주의 종은 하나님께 대한 믿음을 전해야 합니다.

오늘날 교회에서는 "전능하사 천지를 만드신 하나님 아버지를 내가 믿사오며"라고 사도신경을 고백합니다. 하나님을 믿지 않으면 어떻게 될까요? 온갖 우상을 숭배하며 죄를 짓다가 결국에 마귀와 함께 지옥에 떨어지게 됩니다. 하나님께 대한 믿음이 없으면 육신을 따라 살게 됩니다. 하나님께 대한 믿음은 기독교 신앙의 핵심입니다.

셋째, 주의 종은 세례에 대한 교리를 전해야 합니다.

세례에는 물세례와 성령 세례, 두 가지가 있습니다. 세례 요한은 물의 강물에 서서 물로 세례를 베풀었지만 예수님은 불의 강물에 서서 성령과 불로 세례를 베푸십니다.

마태복음 3장 11절에 세례 요한이 말했습니다.

"그는 너희에게 성령과 불로 세례를 주실 것이다."

예수님은 세례자이십니다. 예수님이 이 땅에 계실 때 제자들이 물세례를 베풀었습니다. 그리고 예수님이 부활 승천하신 후에는 제자들이 가는 곳마다 예수님이 동행하시며 그들을 통해 성령과 불로 세례를 베푸셨습니다. 베드로와 요한이 사마리아에 가서 안수하자 많은 사람들이 성령으로 세례를 받았고(행 8:17) 바울이 에베소에 가서 안수하자 열두 명이 성령으로 세례를 받았습니다.(행 19:6)

"나는 성령 세례를 믿지 않아요."

성령 세례를 인정하든 안 하든, 믿든 안 믿든 그건 자유입니다. 그래도 성령 세례라는 말은 성경에 있고 예수님은 성령 세례를 행하십니다. 하지만 믿지 않는 사람들을 통해서는 행하지 않으실 것입니다. 예수님은 자신과 자신의 교리를 존중하고 실천하는 사람을 통해 일을 행하십니다.

넷째, 주의 종은 안수의 능력에 대해 전해야 합니다.

성경은 창세기부터 안수에 대한 이야기가 나옵니다. 모세는 눈의 아들 여호수아에게 안수했고 그로 인해 여호수아에게 지혜의 영이 넘쳤습니다.(신 34:9) 나아만 장군도 엘리사가 자신의 상처 위에 안수하여 병을 고쳐 줄 것으로 기대했습니다.(왕하 5:11) 사도들은 일곱 집사에게 안수하여 자신들이 하던 구제 사역을 위탁했습니다.(행 6:6)

안디옥 교회는 바나바와 사울, 두 명의 선교사를 파송할 때 먼저 금식하고 기도한 후에 안수하여 떠나보냈습니다.(행 13:1~3) 바울이 에베소에서 열두 명에게 안수할 때 그들에게 성령이 임했고 방언을 말했습니다.(행 19:6)

다윗은 주님께서 자신의 앞뒤를 둘러싸고 안수하셨다고 했습니다.(시 139:5) 예수님은 아이들에게 안수하고 축복하셨습니다.(마 19:15) 예수님은 한 소경에게 완전히 보일 때까지 두 번 안수하셨습니다.(막 8:25) 바울은 디모데에게 안수함으로 그 속에 있는 하나님의 은사를 불일 듯하게 한다고 했습니다.(딤후 1:6) 바울은 디모데에게 경솔히 안수하지 말라고 했습니다.(딤전 5:22) 그 외에도 안수에 대한 가르침이 많습니다. 안수를 믿고 가르치십시오.

다섯째, 주의 종은 죽은 사람의 부활과 영원한 심판에 관해 전해야 합니다. 모든 사람은 부활하고 영원한 심판을 받습니다. 죽은 자의 부활이 없다면 이 땅에서의 삶이 전부이며, 먹고 마시며 방탕하게 살다가 죽으면 끝이라고 할 것입니다. 거짓말입니다. 죽은 자의 부활과 영원한 심판이 반드시 있습니다. 그러므로 깨어 있어야 합니다.

이러한 다섯 가지가 그리스도가 정하신 기본 교리입니다. 이것 중에 하나도 함부로 빼거나 무시하면 안 됩니다.

그리스도가 정하신 교리와 맞지 않는 부분이 있습니까?

그러면 주의 종인 당신이 생각을 바꿔야 합니다. 주인이신 그분은 조금도 바꾸실 의향이 없으십니다.

하나님을 버리지 마라

당신은 성경에 나오는 것을 다 인정합니까?

성경은 하나님의 말씀인데 인정하지 않고 무시하는 사람들이 많습니다. 그들은 성경보다 의사들과 박사들의 말을 더 크게 여깁니다. 성경에서 "먹지 마라. 먹으면 죽는

다"고 해도 의사나 박사가 "먹어도 된다. 안 죽는다"고 말
하면 그 말을 믿습니다. 그들이 먼저 하나님의 말씀을 버
렸기 때문에 그들도 하나님의 말씀으로부터 버림을 받는
것입니다. 사울 왕이 그랬는데 사무엘이 말했습니다.

"왕이 여호와의 말씀을 버렸으므로 여호와께서도 왕을
버려 왕이 되지 못하게 하셨나이다."(삼상 15:23)

이 말씀을 보면 다윗의 형들도 떠오릅니다.

사람들은 "내가 그를 버렸노라"(삼상 16:7)는 구절을
보면 하나님이 엘리압을 비롯한 다윗의 일곱 형들을 일방
적으로 버렸을 거라고 생각합니다. 하지만 그들이 먼저 하
나님을 버렸다고 봐야 합니다. 그들은 하나님을 의지하며
당당하게 행동하는 다윗을 보고 "너는 교만하다"고 말했
습니다. 하나님이 보실 때는 그분을 의지하지 않고 숨어
있던 그들이 교만했던 것입니다. 성경에는 "너희가 여호와
를 버렸으므로 여호와께서도 너희를 버리셨느니라"(대하
24:20)는 구절이 여러 번 나옵니다.

당신은 혹시 '그 사람이 나를 먼저 버렸어'라며 서운한
마음이 든 적이 있습니까? 그것은 하나님이 사람들에게
버림받으신 것에 비하면 통의 한 방울 물과 같고 저울의
작은 티끌과 같습니다. 아무것도 아닙니다.

하나님은 여러 번 버림 받으셨습니다. 성경은 계속 "너

희가 나를 버렸다. 너희 조상들이 나를 버렸다"고 말씀합니다.(대하 21:10, 대하 24:24, 대하 28:6)

당신은 제발 하나님을 버리지 말기 바랍니다.

"그럴 리가 있나요? 제가 어떻게 하나님을 버려요?"

하나님의 말씀을 버리는 것이 곧 하나님을 버리는 것입니다. 당신은 어떤 부분에 대한 말씀을 버렸습니까?

다시 말씀을 붙들고 순종하십시오.

오직 성령의 충만함을 받으라

의와 성령 충만에 대한 말씀을 버린 사람이 있습니다.

"믿음으로 의로워진다고? 말도 안 돼. 착한 일을 많이 하고 율법을 다 지켜야 의로워지는 거야." 그렇지 않습니다. 오직 믿음으로 의로워집니다. 사람들은 말합니다.

"믿음으로 성령 충만해진다고? 말도 안 돼. 온갖 행위를 보태야 해." 그렇지 않습니다. 오직 믿음으로 성령 충만해집니다. 성령 충만한데 더욱 충만해질 수는 있습니다.

초대교회에 큰 박해가 났고 그들이 빌면서 기도할 때 더욱 성령의 충만함을 받았습니다. 그리고 나가서 담대히 복음을 전했습니다.(행 4:31) 그러나 기본은 믿음으로 성령 충만해지는 것입니다. 그 이상의 충만함은 개인을 위한 충만함이 아닌 회중을 위한 큰 충만함입니다.

내가 목마르다고 할 때는 나 자신을 위한 목마름이 아닙니다. 잃은 영혼에 대한 목마름, 회중들 위에 임하시고 역사하시는 성령님의 기름 부으심에 대한 목마름입니다.

나 자신을 위한 목마름은 더 이상 1도 없습니다.

"나를 믿는 자를 성경에 이름과 같이 그 배에서 생수의 강이 흘러나오리라. 이는 그를 믿는 자의 받을 성령을 가리킴이라"(요 7:38~39)고 했기 때문입니다. 나는 눈 뜰 때부터 잠잘 때까지, 아니 잠든 내내 성령 충만합니다.

수도 파이프에 물이 가득 차 있는 것과 같습니다.

수도 파이프는 아무것도 하지 않아도 연결만 되어 있으면 항상 충만하며 외부의 영향을 조금도 받지 않습니다. 나도 마찬가지로 믿음이란 파이프로 그리스도와 연결되어 있기 때문에 항상 성령의 기름이 가득 차 있습니다. 이것이 성령의 충만함입니다. 에베소서 5장 18절의 "오직 성령의 충만함을 받으라"는 말씀은 "성령 충만해지라"는 말이 아닙니다. "충만한 상태를 계속 받으라"는 말입니다.

이것은 수도 파이프를 생각하면 이해될 것입니다.

성령을 받는 것도 능력을 받는 것도 모두 행위가 아닌 오직 믿음으로입니다. 바울은 외쳤습니다. "너희에게 성령

을 주시고 너희 가운데서 능력을 행하시는 이의 일이 율법의 행위에서냐 혹은 듣고 믿음에서냐."(갈 3:5)

신유를 사모하라

당신은 안수와 신유를 믿습니까?

나는 안수와 신유를 믿고 조금도 의심하지 않습니다.

내 몸에 있는 여러 가지 질병과 연약함도 신유의 능력으로 치유되었고 내가 안수해 준 사람들도 많이 치유되었습니다. 그리고 2010년 4월에 〈신유를 사모하라〉는 800쪽짜리 두꺼운 책을 출간했습니다. 이 책을 읽으면 당신의 인생 전체를 향한 하나님의 계획을 알게 될 것입니다.

사람들은 말합니다. "나는 신유를 믿지 않아요. 안수 받고 병 고침 받았다는 사람들은 다 거짓말입니다. 병이 생기면 의사를 찾아가 수술 받고 약을 먹어야 해요."

그건 자유입니다. 하지만 그런 사람에게 예수님이 그분의 신유를 베풀지는 않을 것입니다. 하나님은 '믿음의 하나님'이십니다. 믿음이 없이는 그분을 기쁘시게 할 수 없습니다. 하나님께 나아가는 자는 반드시 그가 계신 것과 또한 그가 자기를 찾는 자들에게 상주시는 분임을 믿어야 합니다. 예수님은 "네 믿음대로 되라, 네 믿음이 크도다. 네 믿음이 너를 구원하였다"고 말씀하셨습니다.

예수님은 믿음이 없는 자를 책망하셨습니다.

"믿음이 적은 자야, 어찌 의심하였느냐? 두려워 말고 믿기만 하라. 의심하지 말고 믿어라"고 말씀하시며 믿음이 없는 자를 집 밖으로 내보내며 멀리하셨습니다. 그분은 고향에서 "그들이 믿지 않음을 인하여 아무 표적을 행하실 수 없었다, 몇 사람에게만 안수하여 병을 고치셨다"고 했습니다. 한 전도사님이 내게 이런 말을 했습니다.

"제가 외국에서 배워 온 내용과는 좀 다른데요."

그분은 내가 늘 이야기하는 '의와 성령 충만, 건강과 부요함, 지혜와 평화와 생명' 등 일곱 가지의 온전한 복음을 다 받아들일 수 없다는 듯이 고개를 저으며 말했습니다.

나는 웃으며 대답했습니다.

"그렇군요. 당신이 저하고는 달라도 되지만 예수님하고는 같기 바랍니다. 예수님이 하신 것은 다 인정하고 존중하고 받아들이고 실천하세요. 그러면 됩니다."

그런데 그분이 내 책을 읽고 시간이 지날수록 하나씩 깨달음을 얻으며 인생이 바뀌는 것을 보았습니다.

사람들은 성경 몇 구절만 읽고 반대 의견을 말합니다.

"나는 부에 대한 가르침을 받아들일 수 없어요."

나는 그런 분들에게 생각을 바꾸라고 말합니다.

"그러면 평생 가난하게 살아야 합니다. 남에게 돈을 꾸고 음식과 옷과 차비를 구걸해야 합니다. 주일에 헌금할 돈도 없고 아내와 자식에게도 존중받지 못하고 부모님께 생활비도 못 보냅니다. 선교지에서도 구걸하듯이 후원을 계속 요청해야 합니다. 예수님이 십자가에서 벌거벗겨지신 것은 우리를 부요케 하기 위함입니다. 나는 몇 명 신학자의 부정적인 소견이 아닌 성경 말씀을 믿습니다."

또 어떤 사람들은 말합니다.

"나는 신유에 대한 가르침을 받아들일 수 없어요."

"그러면 평생 병들고 약하게 살아야 합니다. 한 사람이 병들면 온 집안 식구가 사슬에 매여 꼼짝 못하게 됩니다. 모든 돈을 병원비로 쏟아 부어야 합니다. 온 가족이 한 사람에게 생긴 불치의 병과 기형과 장애를 다스리겠다고 싸워야 하며 집안은 늘 전쟁터가 됩니다. 나는 병든 사람들에게 능력 있는 주의 종을 찾아가 천 번을 안수 받더라도 꼭 치유 받으라고 권합니다. 예수님이 채찍에 맞으신 것은 우리의 연약함과 질병 때문입니다. '기적은 사라졌다'고 가르치는 허접한 책이 아닌 성경 말씀을 믿으세요."

자동차 바퀴가 네 개 다 있어야 도로에서 굴러 갑니다.

하나라도 펑크 나면 그 차는 움직일 수 없습니다. 이런 인생이 얼마나 많은지 모릅니다. '의와 성령 충만, 건강과 부요'라는 네 바퀴는 건강하고 행복한 삶을 사는데 있어 중요한 것입니다. 있어도 그만 없어도 그만이 아닙니다.

꼭 있어야 합니다. 그래야 온전한 삶을 살게 됩니다.

예수님이 십자가에서 다 이룬 온전한 복음이 온전한 몸과 영혼, 삶과 사역을 안겨 줍니다. 온전한 복음을 믿으십시오. 나는 성경을 믿습니다. 그것도 '모든 성경'을 믿습니다. 모든 성경은 하나님이 내게 주신 귀한 말씀입니다.

"모든 성경은 하나님의 감동으로 된 것으로 교훈과 책망과 바르게 함과 의로 교육하기에 유익하니 이는 하나님의 사람으로 온전하게 하며 모든 선한 일을 행할 능력을 갖추게 하려 함이라."(딤후 3:16~17)

당신도 모든 성경을 믿기 바랍니다.

말씀의 사람이 되십시오.

역사가 일어날 때까지 안수하라

역사가 일어날 때까지 안수하라

당신은 역사가 일어날 때까지 안수합니까?

나는 한 번 안수하기로 마음먹으면 역사가 일어날 때까지 계속 안수합니다. 뭐든 '되는지 안 되는지 시험 삼아 한번 해보자'는 마음으로 안수하지 않습니다.

안수만 아니라 기도도 그렇습니다. 나는 성경과 믿음의 사람들의 책을 읽고 그들이 구해서 받은 것은 나도 구하는데 받을 때까지 계속 구합니다. 어떤 이는 "한 번만 구해도 되지 않나요? 그렇게 비는 기도를 해야 하나요?"라고 하는데 성령을 구하는 것과 물건을 구하는 것은 다릅니다.

물건 곧 땅이나 빌딩, 자동차나 신발 등은 한 번 기도하고 구하는 것은 받은 줄로 믿으면 됩니다. 예수님은 "이 산을 들어 바다에 던지우라 하며 그 말하는 것이 이룰 줄 믿고 마음에 의심하지 않으면 그대로 된다"고 하셨습니다.

여기에는 막연하게 '아무 산'이 아닌 '이 산'이라는 분명한 대상이 있습니다. 그리고 "너희가 무엇이든지 기도하고 구하는 것은 받은 줄로 믿으라. 그리하면 너희에게 그대로 되리라"(막 11:24)고 분명히 말씀하셨습니다.

이것은 곧 '문제의 산'에 대한 말씀입니다.

나는 그동안 많은 꿈과 소원 목록을 적었고 한 번만 말씀드리고 받은 줄로 믿었는데 10년, 20년이 지나는 동안에 그것들이 실상으로 나타났습니다. 하지만 성령을 구하는 것은 다른 문제입니다. 성령님은 매일 구해야 합니다.

예수님은 "성령을 구하고 찾고 두드리라"고 했습니다.

누가복음 11장을 보십시오. 이것은 단순히 생선이나 알에 대한 이야기가 아닌 성령에 대한 것입니다.

"내가 또 너희에게 이르노니 구하라 그러면 너희에게 주실 것이요 찾으라 그러면 찾아낼 것이요 문을 두드리라 그러면 너희에게 열릴 것이니 구하는 이마다 받을 것이요 찾는 이는 찾아낼 것이요 두드리는 이에게는 열릴 것이니라. 너희 중에 아버지 된 자로서 누가 아들이 생선을 달라 하는데 생선 대신에 뱀을 주며 알을 달라 하는데 전갈을 주겠느냐? 너희가 악할지라도 좋은 것을 자식에게 줄 줄 알거든 하물며 너희 하늘 아버지께서 구하는 자에게 성령을 주시지 않겠느냐 하시니라."(눅 11:9~13)

여기서 "구하라, 찾으라, 두드리라"는 말씀은 현재 진행형으로 쉬지 말고 종일 그렇게 하라는 것입니다.

성령님은 물건이 아닌 인격자이십니다. 성령님이 물건이라면 한 번만 구하고 받은 줄로 믿으면 됩니다. 하지만 성령님은 우리와 인격적인 관계를 맺고 계시기 때문에 종일 그분의 얼굴과 능력을 구해야 합니다. 이것은 깰 때부터 잘 때까지, 잠자는 동안에도 구해야 합니다. 항상 구해야 합니다. "여호와와 그의 능력을 구할지어다. 그의 얼굴을 항상 구할지어다."(시 105:4) 나는 그렇게 합니다.

다윗은 "주의 얼굴을 내게서 숨기지 마소서. 그러면 내가 무덤에 내려가는 자 같을까 두렵습니다"(시 143:7)라며 계속 주의 얼굴을 구했습니다. 우리는 종일 주의 영이신 성령님의 얼굴과 그분의 능력을 구해야 합니다.

자녀는 부모에게 생선이나 알을 반복해서 구할 필요 없습니다. "엄마, 나 오늘 생선 먹고 싶어. 계란도 먹고 싶어"라고 한 번만 말하면 엄마가 알아서 챙겨 줍니다.

그걸 두고 종일 구하는 자녀는 없습니다.

생선을 구했는데 뱀을 주거나 알을 구했는데 전갈을 주는 부모는 없습니다. 하물며 하나님이 그 사랑하는 자녀가 성령을 구하는데 악령을 주실 리가 있겠습니까?

우리는 성령을 받기 위해 간구하고 안수하고 안수 받습니다. 그럴 때 하나님이 반드시 성령을 부어 주십니다.

내가 그동안 수천 명에게 안수했지만 한 명도 악령을 받은 적이 없고 모두 성령을 받고 성령이 말하게 하심을 따라 다른 방언을 말하기 시작했습니다. "성령을 받기 위해 기도했지만 아무 일이 안 일어났어요." 그러면 역사가 일어날 때까지 더 강하게 집중해서 기도해야 합니다.

나는 어떤 일이 있어도 포기하지 않고 계속 기도하고 안수합니다. 한 번 안수해서 안 되면 두 번, 세 번, 백 번, 천 번이라도 안수합니다. 받은 줄로 믿고 조금도 의심하지 않고 다시 안수하고 또 안수합니다. 이것이 믿음입니다.

나는 1996년도에 〈신유의 방법〉이란 책을 사서 읽었는데 그 책을 저술한 찰스 프란시스 부부는 세계적인 신유 사역자입니다. 그들은 자신이 손을 내밀어 병을 낫게 하는 것이 하나님의 뜻이라는 것을 성경을 통해 발견하고 믿음으로 병자에게 손을 얹기 시작했습니다. 하지만 무려 천 명이 넘는 사람에게 손을 얹었는데도 아무도 낫지 않았습니다. 그들은 여기서 포기할 것인가 아니면 역사가 일어날 때까지 계속 안수할 것인가를 두고 고민하다가 자신들의 경험이 아닌 말씀을 믿기로 선택하고 다시 용기를 내어 새로운 병자들을 찾아가 안수하기 시작했습니다.

그들은 병이 낫지 않은 천 번의 경험을 믿지 않고 영원한 언약인 성경 말씀을 믿기로 결심한 것입니다. 그러자 어느 날부터 병자들이 낫기 시작했고 또 어느 정도 시간이 흐르자 집단적인 치유까지 일어나기 시작했습니다. 나중에는 성령님이 회중 전체에 영광의 구름으로 임하여 많은 사람들을 동시에 치유하셨습니다. 이것이 믿음입니다.

나도 그런 경험이 있습니다. 내가 20세에 성령을 체험하고 매일 기도하는 중에 말기 암환자를 찾아가 안수한 적이 있습니다. 그런데 처음 안수한 그 사람은 자리에서 벌떡 일어난 것이 아니라 안타깝게도 죽고 말았습니다.

나는 심한 갈등을 겪었습니다. '내게는 병 고치는 능력이 없는 건가? 더 이상 안수하지 말아야 하나?' 온갖 생각이 들었습니다. 하지만 나는 아무 일도 없었던 것처럼 일어나 다음 환자를 위해 안수하며 기도했습니다.

며칠 후에 엄마는 무당인데 그 자녀인 초등학생 아이가 허리가 아파 제대로 펴지 못하고 기도하면서 울고 있었습니다. 나는 그 아이를 불러 세우고 "예수님이 너를 치유하신다는 것을 믿니?"라고 물은 다음에 그렇다고 대답하자 손을 얹고 기도하며 명령했습니다. "예수 그리스도의 이름으로 명하노니 허리 아픈 것은 떠나가라. 깨끗이 치유될지어다." 그러자 그 아이가 깨끗이 나았습니다. 아무리 허리를 굽혀도 아프지 않다고 했습니다. 그 아이는 성령을 받고 방언도 받았고 엄마의 구원을 위해 울며 기도했습니다.

나는 귀신을 쫓아내는 일에도 그런 적이 있었습니다.

하루는 우리 집에 모여 기도하는 중에 한 청년 속에 있는 귀신이 정체를 드러냈습니다. 나는 그에게 손을 얹고 명령을 내렸지만 아무 반응이 없었고 그렇게 기도회는 끝나고 말았습니다. 다음날 나는 기도를 더 많이 한 다음 기도회를 인도했습니다. 그때 다른 한 청년에게서 귀신이 정체를 드러내며 "안 가, 안 가"라며 눈을 질끈 감고 소리를 질렀습니다. 나는 그를 일으켜 놓고 머리에 안수했습니다.

귀신들린 자의 머리에 안수할 때는 그 속에 숨어 있는 귀신이 체포됩니다. 안수라는 단어에는 '체포하다'는 뜻도 있습니다. 나는 큰소리로 꾸짖으며 쫓아냈습니다.

"더러운 귀신아, 이 사람에게서 나가라."

그가 쓰러지며 귀신이 떠나갔고 깨끗함을 받았습니다.

그 후로는 귀신을 쫓는 일이 많아졌고 자연스러워졌습

니다. 무엇이든 한 번 해보고 안 되면 포기하는 것은 믿음이 아닙니다. 역사가 일어날 때까지 기도해야 합니다.

역사가 일어날 때까지 성령님의 임재와 기름 부으심을 구하고 찾고 두드려야 합니다. 엘리야가 그랬습니다.

"엘리야가 갈멜 산 꼭대기로 올라가서 땅에 꿇어 엎드려 그의 얼굴을 무릎 사이에 넣고 그의 사환에게 이르되 올라가 바다쪽을 바라보라. 그가 올라가 바라보고 말하되 아무것도 없나이다. 이르되 일곱 번까지 다시 가라. 일곱 번째 이르러서는 그가 말하되 바다에서 사람의 손 만한 작은 구름이 일어나나이다."(왕상 18:41~44)

야고보 사도는 그 사건을 두고 이렇게 말했습니다.

"너희 중에 병든 자가 있느냐? 그는 교회의 장로들을 청할 것이요 그들은 주의 이름으로 기름을 바르며 그를 위하여 기도할지니라. 믿음의 기도는 병든 자를 구원하리니 주께서 그를 일으키시리라. 혹시 죄를 범하였을지라도 사하심을 받으리라. 그러므로 너희 죄를 서로 고백하며 병이 낫기를 위하여 서로 기도하라. 의인의 간구는 역사하는 힘이 큼이니라. 엘리야는 우리와 성정이 같은 사람이로되 그가 비가 오지 않기를 간절히 기도한즉 삼 년 육 개월 동안 땅에 비가 오지 아니하고 다시 기도하니 하늘이 비를 주고 땅이 열매를 맺었느니라."(약 5:14~18)

우리는 그리스도 안에서 의인입니다. 그렇다면 당연히 성령의 권능이 나타날 때까지 간절히 구해야 합니다.

이렇게 말씀드리며 성령님께 도움을 구하십시오.

"성령님, 기름 부으심이 나타날 때까지 구하고 찾고 두드리게 해주세요. 절대로 포기하지 않게 해주세요."

성령님을 구하고 찾고 두드리라

당신은 기름 부으심을 구하다 포기하지 않았습니까?

다시 용기를 내어 구하고 찾고 두드리십시오. 언제까지요? 기름 부으심을 얻을 때까지 구하고, 기름 부으심을 찾아낼 때까지 찾고, 기름 부으심이 열릴 때까지 두드리십시오. 그러면 반드시 어느 순간부터 기적이 일어납니다.

기름 부으심을 구하고 있다면 절대로 포기하지 마십시오. 믿음에는 시련이 있습니다. 믿음의 시련이 인내를 만들어 냅니다. 그럴 때 인내를 온전히 이루어야 합니다.

믿지 않으면 시련도 없고 인내도 필요 없습니다. 믿기 때문에 시련이 오고 온전한 인내가 필요한 것입니다.

"이는 너희 믿음의 시련이 인내를 만들어 내는 줄 너희가 앎이라. 인내를 온전히 이루라. 이는 너희로 온전하고 구비하여 조금도 부족함이 없게 하려 함이라. 너희 중에 누구든지 지혜가 부족하거든 모든 사람에게 후히 주시고 꾸짖지 아니하시는 하나님께 구하라 그리하면 주시리라. 오직 믿음으로 구하고 조금도 의심하지 말라. 의심하는 자는 마치 바람에 밀려 요동하는 바다 물결 같으니 이런 사람은 무엇이든지 주께 얻기를 생각하지 말라. 두 마음을 품어 모든 일에 정함이 없는 자로다."(약 1:3~8)

나는 23세에 입대했는데 첫 휴가를 나왔을 때 성령님의 얼굴을 간절히 구했습니다. 그리고 성령님을 인격적으로 대면했습니다. "너희는 내 얼굴을 찾으라"(시 27:8)고 했습니다. 성령님은 눈에 보이지 않지만 인격자로 내 앞에 선명히 나타나셨고 세미한 음성으로 말씀하셨습니다.

'아들아, 나는 네가 원하는 것보다 훨씬 더 너와 인격적으로 사귀고 싶었다. 모든 사람과도 그렇다. 그런데 많은 사람들이 나를 인격적으로 존중하지 않고 무시한다.'

이 내용은 〈성령님과 친밀하게 교제하는 법〉이란 책에 자세히 담았으니 구입해서 읽어보기 바랍니다. 예수님은 성령을 구하고 찾고 두드리라고 말씀하셨습니다.

"내가 또 너희에게 이르노니 구하라 그러면 너희에게 주실 것이요 찾으라 그러면 찾아낼 것이요 문을 두드리라 그러면 너희에게 열릴 것이니 구하는 이마다 받을 것이요 찾는 이는 찾아낼 것이요 두드리는 이에게는 열릴 것이니라."(눅 11:9~10) 100년 동안이라도 그렇게 하십시오.

당신은 반드시 기름 부으심을 받을 것입니다.

당신은 반드시 기름 부으심을 찾아낼 것입니다.

당신은 반드시 기름 부으심의 문을 열 것입니다.

당신에게 큰 권능이 나타날 것입니다.

온 마음으로 구하고 찾고 두드리라

기도 응답이 더디어 속이 상합니까?

항상 기도하고 낙심하지 마십시오. 반드시 응답됩니다.

큰 권능을 받기 위한 한 가지 조건이 있습니다. 그것이 무엇일까요? 온 마음을 다해 구해야 한다는 것입니다.

"너희가 내게 부르짖으며 내게 와서 기도하면 내가 너희들의 기도를 들을 것이요 너희가 온 마음으로 나를 구하면 나를 찾을 것이요 나를 만나리라."(렘 29:12~13)

큰 권능은 기도를 통해 옵니다. 그래서 나는 더 큰 권능을 구하기 위해 성전에서 종일 기도합니다.

"내가 여호와께 바라는 한 가지 일 그것을 구하리니 곧 내가 내 평생에 여호와의 집에 살면서 여호와의 아름다움

을 바라보며 그의 성전에서 사모하는 그것이라."(시 27:4)

당신도 지금 기도하러 성전에 가지 않겠습니까?

여호와의 얼굴과 능력을 구하십시오.

안수하기 전에 기도를 많이 하라

안수하기 전에 기도를 많이 하라

당신은 안수하기 전에 기도를 많이 합니까?

나는 안수하기 전에 3시간~10시간 정도 기도합니다.

내 안에는 항상 성령님이 가득히 계시지만 나는 안수하기 전에 육신을 쳐서 죽이는 작업인 기도를 합니다.

"꼭 그렇게 오래 기도해야 하나요? 오래 기도하지 않고 다른 사람에게 안수하는 사역자도 많지 않나요?"

다른 사람들이 어떻게 하든 상관 않고 나는 오직 예수

님이 행하신 모습을 보고 배웁니다.

"예수께서 한 곳에서 기도하시고 마치시매, 제자 중 하나가 여짜오되 주여 요한이 자기 제자들에게 기도를 가르친 것과 같이 우리에게도 가르쳐 주옵소서."(눅 11:1)

예수님이 30세에 사역을 하기 전까지 이렇게 오래 기도하셨다는 기록이 성경에 없습니다. 물론 그분은 일상에서 기도를 많이 하셨을 것입니다. 하지만 사역이 본격적으로 시작되고 난 후에는 기도를 더욱 오래 하셨습니다.

제자들이 지켜볼 때 예수님의 사역과 기도 생활에는 뗄 수 없는 강력한 연관성이 있었습니다. 예수님은 하나님의 아들이시고 하나님의 본체였는데 왜 기도하셨을까요?

자기를 다 비우고 오셨기 때문입니다.

"그는 근본 하나님의 본체시나 하나님과 동등됨을 취할 것으로 여기지 아니하시고 오히려 자기를 비워 종의 형체를 가지사 사람들과 같이 되셨고 사람의 모양으로 나타나사 자기를 낮추시고."(빌 2:6~8)

그렇습니다. 예수님은 근본 하나님과 본체셨지만 신성을 비우고 종의 형체를 가지고 사람들과 같이 되셨던 것입니다. 그분은 사람의 모양으로 나타나셨습니다. 그렇기 때문에 이 땅에 사는 동안 당신과 나와 똑같은 인간으로 일하셨던 것입니다. 그분은 사역을 시작하기 전에 성령을 받아야 했고 그 후에도 매일 오래 기도하셔야 했습니다.

예수님이 그랬다면 당신도 그래야 합니다.

그분은 자신의 힘으로 사역을 하신 것이 아니었습니다.

오직 성령의 힘으로 모든 사역을 감당하셨습니다. 성령님은 육신에 제한을 받았기 때문에 예수님은 성령님의 나타나심을 위해 날마다 기도로 자신의 몸을 쳐서 복종시켜야 했습니다. 자신의 몸을 쳐서 복종시키는 방법은 금식과 기도뿐입니다. 그래서 모세는 금식하고 기도했습니다.

예수님도 금식하고 기도하셨습니다.

요단강에서 성령을 받은 후에, 성령에 이끌리어 광야로 나가 40일 금식을 끝내고 돌아오신 예수님이 그때부터 무엇을 하셨습니까? 다시 40일 금식하지는 않았습니다.

그런데 꾸준히 습관을 따라 한 한 가지 중대한 일이 있었습니다. 그것이 바로 '오래 기도하는 것'이었습니다.

예수님은 새벽 미명에 기도하셨고, 낮에도 한적한 곳에 가서 기도하셨고, 밤에도 밤이 새도록 기도하셨습니다.

예수님은 일을 시작하기 전에 오래 기도하셨고, 일하는 중에도 따로 뭉치 시간을 내어 기도하셨고, 일을 끝낸 후에도 오래 기도하셨습니다. 예수님은 습관을 좇아 감람산에 가서 기도하셨습니다. 우리도 오래 기도해야 합니다.

40일 금식은 성령에 이끌리어 하는 것이지만 오래 기도하는 것은 성령에 이끌린다기보다는 운동하는 것처럼 며칠간 육신을 쳐서 습관을 만든 다음, 그 습관을 따라 자동으로 꾸준히 기도해야 합니다. 예수님이 성령에 이끌리어 기도하지 않고 습관을 좇아 기도하셨기 때문입니다.

나도 가끔 '기도하러 가자'고 말씀하시는 성령님의 음성을 듣습니다. 하지만 기도할 때마다 그렇게 성령님의 이끌림을 받아야 하는 것은 아닙니다. 오랜 시간의 기도는 사역하기 전에 꼭 해야 하는 의무적인 일이기 때문입니다.

그러므로 우리는 성령님의 이끌림과 상관없이 뜻을 정하여 기도하고 습관을 만들어 꾸준히 기도해야 합니다. 한 시간 기도하고 한나절 기도하고 종일 기도해야 합니다.

주의 종들은 기도를 주된 일로 삼아야 합니다. "우리는 오로지 기도하는 일과 말씀 사역에 힘쓰리라."(행 6:4)

주의 종은 기도를 꼭 배워야 한다

며칠 전에 내가 졸업한 신학대학원에 다녀왔습니다.

나이 어린 한 신학생에게 내가 말했습니다. "주의 종은 기도를 많이 해야 한다. 하루에 몇 시간씩 기도하고 한나절 기도하고 종일 기도해라. 기도에 헌신해라."

기도를 배우지 못한 신학생들이 너무 많습니다.

교수들은 말합니다. "신학생이 해야 할 일은 공부다. 공부에만 전념해라. 공부하다가 죽으면 그것은 순교다."

그렇게 신학 공부를 열심히 하는 것도 중요하지만 최대한 시간 내어 기도에 힘써야 합니다. 틈틈이 기도하고 낮에도 기도하고 밤에도 기도해야 합니다. 수업이 없으면 한적한 곳에 가서 기도해야 합니다. 학창 시절에 운동하는 것, 책을 많이 읽는 것, 시험치고 논문 쓰는 것, 친구를 많이 사귀는 것, 놀러 다니는 것, 여행하는 것도 필요하지만 주의 종은 그 무엇보다 기도를 더 많이 해야 합니다.

기도한다고 엎드려 있는 사람을 보면 한편으로는 어리석고 미련해 보입니다. 기도한다고 성적이 올라가는 것이 아닙니다. 기도한다고 친구가 많아지는 것도 아닙니다.

기도한다고 돈을 많이 버는 것도 아닙니다. "그 시간에 차라리 편의점에 가서 알바 하면 지갑이 두툼해져요"라고 말하는 신학생도 있습니다. 나는 그렇게 생각하지 않습니다. 알바는 적게 하고 기도를 많이 해야 한다고 생각합니다. 운동과 책 읽기와 놀기도 좀 적게 하고 기도를 많이 해야 한다고 생각합니다. 기도에 목숨 걸어야 합니다.

운동하지 마라, 책 읽지 마라, 공부하지 마라는 말이 아닙니다. 나도 그런 것을 다 합니다. 내가 말하고 싶은 것은 다른 무엇보다 기도를 더 많이 해야 한다는 것입니다.

쉬는 날이면 어디에 놀러 갈까 고민하지 말고 교회에 가서 종일 기도하십시오. 나는 혼자 그리고 아내와 함께 기도하고 또 기도했습니다. 한나절 기도하고 종일 기도했습니다. 그래서 남다른 뭔가를 많이 얻었냐고요? 꼭 그런 것은 아닙니다. 기도하는 것 자체가 가장 영광스러운 시간이기 때문에, 다른 무엇을 얻는 것에 목적을 두지 않고 오래 기도합니다. 기도는 내 몸을 하나님께 거룩한 산 제물로 드리는 것입니다. 그런데 주의 종의 길을 가겠다는 사람들이 기도하는 것만 빼고 다 잘하려고 애씁니다. 주의 종은 다른 것은 좀 부족해도 기도는 많이 해야 합니다.

우리 모두 기도에 헌신합시다.

잡다한 일에 빠지지 마라

당신은 잡다한 일에 빠지지 않았습니까?

나도 한 때 찬양을 잘하기 위해 악기를 배우고, 건강한 몸을 만들기 위해 복싱과 헬스를 배우고, 사람들과 어울리기 위해 족구와 골프를 배웠습니다. 하지만 거기에 빠져들지는 않았습니다. 사람들은 기분도 전환하고 새 힘을 얻기 위해 정기적으로 골프를 치고 등산과 여행을 간다고 말합니다. 그런 것을 하지 말라는 말이 아닙니다.

나도 평생 운동하고 여행할 겁니다. 하지만 나는 그 모든 것보다 기도를 가장 우선으로 여깁니다. 다른 일은 시간과 비용을 들여 다 하면서 왜 기도는 그렇게 하지 않는 걸까요? 종일 놀기, 종일 운동, 종일 공부, 종일 등산, 종일 골프, 종일 연주, 종일 게임을 한다면 종일 기도도 해야 하지 않을까요? '종일 기도'에 대해 들어본 적이 없다고요? 그렇다면 내가 쓴 〈종일 기도〉라는 책을 주문해서 읽고 종일 기도를 반드시 시도해 보기 바랍니다.

제자들은 예수님께 다른 건 몰라도 기도만큼은 꼭 배우고 싶다고 했습니다. "주여, 기도를 가르쳐 주세요."

선배 목회자들이 모이면 "요즘 신학생들은 사명감이 없다, 섬길 줄 모른다, 눈에 보이는 이익에 따라 즉흥적으로 움직인다, 자기만 안다" 등 온갖 말을 하지만 원인은 하나 곧 기도하지 않는다는 것입니다. 신학교에 다시 기도의 불이 붙어야 합니다. 그러면 다른 것이 다 회복됩니다.

코로나19 시련을 거치면서 많은 교회들이 문을 닫았고 또 많은 교회들이 예배 횟수를 줄였습니다. 하지만 나는 그때 더 많이 기도했고 지금은 그때보다 더 많이 기도하고 있습니다. 매일 9시~6시까지 9시간 기도하는데 한 시간 더 늘리기로 했고 8시부터 기도합니다. 그렇게 10시간에서 12시간, 16시간으로 기도를 늘리면 어떨까요?

모든 것이 줄어도 기도 시간만큼은 더 늘려야 합니다.

기도하면 초자연적인 성령님의 기름 부으심이 흐르게 됩니다. 나는 내 안에 강물처럼 넘쳐흐르는 성령님의 기름 부으심을 따라 책을 쓰고 설교하고 상담하고 안수하기 때문에 모든 일이 쉽고 가볍고 즐겁고 행복합니다.

내게는 어떤 마음의 부담도 없습니다.

얼마 전 목회자 모임에서 한 사람이 내게 말했습니다. "어떻게 그렇게 많은 책을 써낼 수 있나요? 놀랍습니다."

그 곁에 있던 다른 사람이 말했습니다.

"김열방 목사님은 천재입니다."

나는 아무 말도 하지 않고 가만있었습니다. 당연하기 때문입니다. 내 안에 있는 천재적인 기름 부으심은 내 것이 아니라 성령님께로부터 온 것입니다. 내게는 지혜가 1도 없습니다. 모두 성령님께로부터 온 것입니다.

성령님은 어떤 분일까요? "그의 위에 여호와의 영 곧 지혜와 총명의 영이요 모략과 재능의 영이요 지식과 여호와를 경외하는 영이 강림하신다"(사 11:2)고 했습니다.

교회 안에 성령님이 계시면 삶과 사역이 단순해집니다.

교회 안에 성령님이 안 계시면 형식만 남고 율법적으로

서로 깐깐하게 따지며 물고 뜯고 싸우게 됩니다. 성령님이 안 계신 교회도 있을까요? 성령님은 예수 그리스도를 구주로 고백하는 모든 교회 안에 다 계십니다. 하지만 목회자와 성도들이 기도하지 않을 때 그분은 가만히 계십니다.

그분은 기도 응답을 통해서만 일하기 때문입니다.

그래서 예수님도 한적한 곳에 가셔서 끝도 없이 오래 기도하셨고 초대 교회도 빌기를 다하는 기도를 했던 것입니다. "그들이 빌기를 다하매 모인 곳이 진동했다"(행 4:31)고 했습니다. 그 후에 사도들이 큰 권능으로 주 예수의 부활을 증언했고 무리가 큰 은혜를 받았습니다.

우리도 그렇게 빌기를 다하는 기도를 해야 합니다.

기도의 골방을 사모하라

당신은 주로 어디에서 기도합니까?

나는 교회에서 기도합니다. 교회에 내 기도실이 있습니다. 평일에 예배당에 아무도 없으면 거기서 기도합니다.

예수님은 기도의 장소에 대해 말씀하셨습니다.

"너는 기도할 때에 네 골방에 들어가 문을 닫고 은밀한 중에 계신 네 아버지께 기도하라. 은밀한 중에 보시는 네

아버지께서 갚으시리라."(마 6:6)

여기서 "네 골방"이라고 할 때 각 사람마다 기도의 골방이 다를 것입니다. 나는 운전하는 내내 차 안에서 기도합니다. 이런 이유로 나는 초청을 받아 어떤 모임에 갈 때 같은 방향으로 가는 사람들에게 미리 양해를 구합니다.

"죄송합니다. 제 차에는 다른 사람을 태우지 않습니다. 가고 오는 내내 기도해야 하기 때문입니다."

모임에 초청받아 한 번 움직이면 한나절이 금방 지나갑니다. 그러면 기도할 시간이 많이 부족해집니다. 그래서 나는 "초청 받은 곳에 성령님이 가라고 하시면 간다. 하지만 가고 오는 내내 기도해야 하기 때문에 다른 사람을 태우지는 못한다. 용서하라"고 미리 말해 둡니다.

나는 어떻게든 기도 시간을 확보하려고 애씁니다.

그렇지 않다면 멀리 안 움직입니다.

"절대로 사람을 태우지 않나요?"

아닙니다. 만약 복음을 전해야 할 사람이 있으면 그를 내 차에 태웁니다. 빌립이 에디오피아 내시의 마차에 탄 것처럼 나도 사람을 마차와 같은 내 자동차에 태웁니다.

그리고 그 사람에게 복음을 전합니다. 그 외에는 안태웁니다. 내 차는 이동 수단이 아닌 기도의 골방입니다.

교회에서 합심으로 기도할 때는 골방 개념이 좀 달라집

니다. 각자 부르짖어 기도하기 때문에 자기 몸의 전후로 10센티 이내는 모두 자기 골방이 됩니다. 합심 기도는 각자 부르짖는 골방 기도라고 해야 할 것입니다. 그 외에는 혼자만 있는 골방에 들어가 기도하는 것이 좋습니다.

내가 기도하는 내용이 주위 사람에게 안 들려야 하나님께 무엇이든지 구할 수 있습니다. '왜 저런 걸 구하나?' 하고 다른 사람의 판단을 받는 환경에서 기도하는 것은 좋지 않습니다. 예수님은 "무엇이든지 구하라"고 했고 여기에는 어떤 것도 제한이 없습니다. 나는 주위에 사람이 있을 때는 작은 소리로 중얼거리며 제한 없이 구합니다.

한나도 입술만 중얼거리며 술 취한 여인처럼 기도했습니다. 나는 때로 산책하는 시간에 중얼거리며 기도하는데 그 발걸음이 기도의 골방이 됩니다. 어쨌든 골방은, 사람들에게 보이려고 기도하지 말고 은밀한 중에 들으시는 하나님께만 기도 내용을 아뢰고 응답받으라는 것입니다.

나는 20대에 결혼하기 전에는 우리 집 안방에서 기도했습니다. 부모님은 바깥 거실에서 내 기도가 끝나기를 기다리셨습니다. 작은 방에서도 기도하다가, 나중에는 다락방을 기도실로 만들어 하루에 몇 시간씩 기도했습니다.

결혼한 후에는 단칸방에서 아내가 보든 말든, 무조건 기도했습니다. 기도하는 골방이 따로 있는 것이 가장 좋습니다. 지금도 아내는 침실에서 작은 책상 하나를 두고 성경을 읽으면서 혼자 기도합니다. 이 세상에서 가장 귀한 방, 그 무엇과도 바꿀 수 없는 방은 기도의 골방입니다.

나는 기도의 골방에 들어갈 때 마음이 설렙니다.

기도의 골방을 귀하게 여기기 바랍니다.

권능의 흰옷을 입고 사역하라

당신은 지금 어떤 옷을 입고 있습니까?

나는 지금 흰색 라운드 티에 청바지를 입고 교회에서 종일 기도하고 있습니다. 이렇게 몸을 가리며 멋 내는 옷을 챙겨 입는 것도 중요하지만 우리는 그보다 더 귀한 옷을 챙겨 입어야 합니다. 그것은 '권능의 흰옷'입니다.

예수님은 기도를 통해 권능의 흰옷을 입으셨습니다.

예수님은 제자들에게 "너희 중에 죽기 전에 하나님의 나라가 권능으로 임하는 것을 볼 자들이 있다"(막 9:1)고 하셨습니다. 이 말씀이 언제 이루어졌습니까? 엿새 후입니다. 엿새 후에 예수님께서 베드로와 야고보와 그 형제 요한을 데리시고 따로 높은 산에 올라가셨고 거기서 기도하실 때 하나님의 나라가 권능으로 임했던 것입니다.

잠을 자거나, 식사하거나, 산책하거나, 설교하거나 할 때 하나님의 나라가 권능으로 임한 것이 아니었습니다. 다른 그 어떤 일을 할 때가 아닌 오직 기도할 때였습니다.

예수님은 오로지 기도에 힘쓰셨습니다.

"기도하시러 산에 올라가사 기도하실 때에 용모가 변화되고 그 옷이 희어져 광채가 나더라."(눅 9:28~29)

그때 그들 앞에서 변형되셨고 그 얼굴이 해 같이 빛나며 옷이 빛과 같이 희어졌습니다. 이때 입은 옷이 '권능의 흰옷'이었습니다. 찬송가 87장에 이런 내용이 나옵니다.

"내 주님 입으신 그 옷은 참 아름다워라. 그 향기 내 맘에 사무쳐 내 기쁨 되도다. 내 주는 쓰라린 고통을 다 견디셨도다. 주 지신 십자가 대할 때 나 눈물 흘리네. 내 주님 입으신 귀한 옷 나 만져 보았네. 내 발이 죄악에 빠질 때 주 나를 붙드네. 내 주님 영광의 옷 입고 문 열어 주실 때 나 주님 나라에 들어가 영원히 살겠네. 시온성보다 더 찬란한 저 천성 떠나서 이 세상 오신 예수님 참 내 구세주."

여기서 말하는 "내 주님 입으신 귀한 옷, 내 주님 영광의 옷 입고"라는 말은 사람이 만든 왕이나 귀족의 비단옷이 아닌 아버지가 입혀 주신 '권능의 옷'을 말합니다. 혈루증 걸린 여인은 그 옷을 만진 순간 병이 나았습니다.

예수님은 주의 종에게 "흰 옷을 사서 입어 벌거벗은 수치를 보이지 않게 하라"(계 3:18)고 하셨습니다. 이 옷은 자기 몸을 하나님이 기뻐하시는 거룩한 산 제물로 드리는 것 곧 '오랜 기도 시간'을 통해서만 사서 입을 수 있습니다. 당신도 값을 지불하고 이 옷을 사서 입기 바랍니다. 이것은 율법주의가 아닙니다. 인간의 몸을 입고 오신 예수님처럼 "육신을 죽이는 기도를 해야 한다"는 말입니다.

그 순간 홀연히 빛난 구름이 덮었고 구름 속에서 소리가 났습니다. "이는 내 사랑하는 아들이요 내 기뻐하는 자다. 너희는 그의 말을 들으라."(마 17:5)

그리고 예수님은 이튿날 산에서 내려오셨습니다.

그때까지 계속 산에서 기도하셨던 것입니다.

그 후에 산에서 내려왔을 때, 간질로 심히 고생하는 아이에게서 귀신을 꾸짖어 쫓아내자 그 아이가 그때부터 나았습니다. 제자들이 귀신을 쫓아내려고 애썼지만 안 되었고 나중에 조용히 입을 열어 예수님께 물었습니다.

"우리는 왜 그 귀신을 쫓아내지 못했습니까?"

"너희 믿음이 작은 까닭이다. 진실로 너희에게 말한다.

만일 너희에게 믿음이 겨자씨 한 알 만큼만 있어도 이 산을 명하여 여기서 저기로 옮겨지라 하면 옮겨질 것이요 또 너희가 못할 것이 없을 것이다."(마 17:20)

그리고 기도에 대한 가르침을 하셨습니다. "기도 외에 다른 것으로는 이런 종류가 나갈 수 없느니라."(막 9:29)

예수님이 그렇게 오래 기도하셨다면 제자가 그 선생보다 높지 못하다고 했으니 우리도 예수님처럼 오래 기도해야 합니다. 어떤 사람은 농담처럼 이렇게 말합니다.

"요즘은 제자가 그 선생보다 높은 경우가 많은데요."

그것은 세상 학문이나 운동, 각종 기술에 있어 그렇습니다. 하지만 하나님 나라에 있어서는 그렇지 않다고 말씀하셨습니다. "제자가 그 선생보다 높지 못하나 무릇 온전하게 된 자는 그 선생과 같으리라."(눅 6:40)

예수님은 "근본 하나님의 본체시나 사람의 모양으로 나타나셨다"(빌 2:6~8)고 했습니다. 그것은 사람이 어떻게 주의 종의 길을 가야 하는지를 보여주신 것입니다. 그분은 하나님 앞에서 자기를 낮추시고 죽기까지 복종하셨습니다. 주의 종은 그래야 합니다. 그리고 예수님은 이 땅에 계실 때 오로지 기도에 힘쓰셨습니다. 그분은 오래 기도하셨고 간절히 기도하셨고 종일 기도하셨습니다. 십자가에 못박히시기 전에도 심한 통곡과 눈물로 기도하셨습니다.

"그는 육체에 계실 때에 자기를 죽음에서 능히 구원하실 이에게 심한 통곡과 눈물로 간구와 소원을 올렸고 그의 경건하심으로 말미암아 들으심을 얻었느니라."(히 5:7)

제자인 우리가 어떻게 예수님처럼 온전하게 됩니까?

오직 기도를 통해서입니다. 기도 외에는 다른 것으로는 이런 유가 나갈 수 없습니다. 우리는 예수님처럼 온전히 기도하고 온전히 순종해야 합니다. 온전한 주의 종이 되어야 합니다. "그가 아들이시면서도 받으신 고난으로 순종함을 배워서 온전하게 되셨은즉 자기에게 순종하는 모든 자에게 영원한 구원의 근원이 되시고."(히 5:8~9)

항상 기도하고 낙심하지 말라

당신은 매일 하나님의 나라를 구하고 있습니까?

나는 하나님의 나라가 권능으로 임해 달라고 매일 간구합니다. 그럴 때 '이 기도가 도대체 언제쯤 응답이 올까?'라는 의아심이 들기도 합니다. 하나님은 내 기도에 침묵하시는 것 같고 환경적으로도 아무 변화가 없는 것 같습니다. 하지만 낙망치 말고 예수님의 일정을 보십시오.

예수님은 종일 기도하고도 더 오래 기도하셨습니다.

"이튿날 산에서 내려오셨다"(눅 9:37)고 했습니다.

그때 큰 무리가 예수님을 맞았고 치유의 기적이 많이 일어났습니다. 오늘도 기도하고 내일도 기도하십시오. 오늘 간절히 기도하면 이튿날 곧 다음날에 하나님의 나라가 권능으로 현장에 펼쳐지는 경우가 많습니다. 예수님은 "항상 기도하고 낙심하지 말라"(눅 18:1)고 하셨습니다.

예수님이 신유의 능력으로 큰 무리의 병을 고치고 많은 귀신을 쫓아낸 사례들을 보면 그 날 종일 기도하고 다음날 능력이 나타나는 것을 보게 됩니다. 그렇다면 주의 종들은 주일 전날인 토요일에 종일 기도에 헌신해야 합니다.

나도 그렇습니다. 주일에는 기도할 시간이 많지 않습니다. 나는 주일 아침에 보통 2시간~3시간 정도 기도합니다. 주일에는 예배와 상담이 계속 이어집니다. 그런데 전날 5시간~10시간 기도한 것에 대한 응답으로 하나님의 나라가 권능으로 예배 시간에 임하는 것을 보게 됩니다.

예수님은 전날 종일 기도하셨습니다. 그리고 다음날 설교하고 병을 고치고 귀신을 쫓아내셨습니다. 그렇게 사역한 후에 또 한적한 곳에 가셔서 기도하셨습니다. 예수님은 아버지에게 "나라가 임하소서"라고 간절히 기도하므로 권능의 흰옷을 사서 입으신 것입니다. 어떤 값을 지불하셨나요? 자신의 생명과도 같은 '시간'이란 값을 지불하셨습니다. 시간을 값으로 지불할 수 있는 것은 몸을 가진 인간만이 할 수 있는 것입니다. 주님께서 당신에게 말씀하십니다. "내 종아, 네 시간을 나에게 다오. 하루라도 나와 함께 시간을 보내며 종일 앉아 기도할 수 없겠니?"

모세가 그렇게 시간을 드려 값을 지불하면서 40일간 금식했을 때 하나님의 영광이 그의 얼굴을 덮었습니다.

예수님도 그렇게 시간을 드려 값을 지불하면서 40일 금식하셨고 높은 산에 올라가 기도하며 아버지와만 종일 있었기 때문에 권능의 흰옷을 사서 입게 된 것입니다.

이제 그분이 당신에게 그렇게 하라고 말씀하십니다.

무엇을 어떻게 해야 할까요?

첫째, 흰옷을 사서 입어 벌거벗은 수치를 보이지 않게 해야 합니다. "내가 너를 권하노니 내게서 불로 연단한 금을 사서 부요하게 하고 흰 옷을 사서 입어 벌거벗은 수치를 보이지 않게 하고 안약을 사서 눈에 발라 보게 하라"(계 3:18)고 했습니다. 당신은 벌거벗지 않았습니까?

예수님이 어떻게 흰옷을 사서 입었습니까? 기도입니다.

그분은 충분히 기도하기 전에는 아무 일도 하지 않으셨습니다. 베드로가 어떻게 흰옷을 사서 입었습니까? 기도입니다. 그는 기도하기 전에는 저주하고 맹세까지 하며 예수님을 모른다고 배반했습니다. 성령 받고 습관을 좇아 성전에 올라가 기도하자 큰 권능이 나타났습니다. 요한이 어떻게 흰옷을 사서 입었습니까? 기도입니다. 기도하기 전에 그는 무서워서 벌거벗은 몸으로 도망갔습니다.

사도들이 기도하므로 다시 권능의 흰옷을 입게 되자 그들은 담대히 주 예수의 증인이 되었고 큰 권능과 표적과 기사를 민간에 나타냈습니다. 당신도 기도하기 바랍니다.

둘째, 회개해야 합니다. "무릇 내가 사랑하는 자를 책망하여 징계하노니 그러므로 네가 열심을 내라, 회개하라"(계 3:19)고 했습니다. 기도하지 않는 사람은 회개하지 않고 계속 습관적인 죄 가운데 머뭅니다. 기도하는 사람은 끊임없이 회개하며 삶을 조정합니다. 예수님이 "열심을 내라"고 하셨는데 어디에 열심을 내야 합니까? 접대와 봉사가 아닙니다. 그보다 억만 배나 귀한 기도하는 일에 열심을 내야 합니다. 불로 연단한 금을 사서 믿음을 부요하게 하는 일에 열심을 내고 또 흰옷을 사서 입어 벌거벗은 수치를 보이지 않게 하는 일에 열심을 내야 합니다.

셋째, 예수님과 인격적으로 사귀어야 합니다. 예수님은 "볼지어다. 내가 문 밖에 서서 두드리노니 누구든지 내 음성을 듣고 문을 열면 내가 그에게로 들어가 그와 더불어 먹고 그는 나와 더불어 먹으리라"(계 3:20)고 했습니다.

사실 이 말씀은 전도할 때 쓰는 구절이 아닙니다. 라오디게아 교회 곧 그리스도인에게 하신 말씀입니다. 당신은 "기도하라"는 주님의 음성을 듣고 따로 골방에 들어가는 것 곧 기도의 골방 문을 열어야 합니다. 그리고 입을 열어 기도하기 시작하면 주님이 당신의 골방에 들어가 당신과 더불어 먹고 당신은 주님과 더불어 먹게 될 것입니다.

넷째, 이길 때까지 씨름해야 합니다. "이기는 그에게는 내가 내 보좌에 함께 앉게 하여 주기를 내가 이기고 아버지 보좌에 함께 앉은 것과 같이 하리라."(계 3:21)

주님의 보좌에 함께 앉아 주의 말씀과 권능으로 열방을 통치하기를 원합니까? 이것은 나중에 죽어서 천국에 가면 그때 하는 일이 아닌 지금 이 땅에서 하는 일입니다. "그들로 우리 하나님 앞에서 나라와 제사장들을 삼으셨으니 그들이 땅에서 왕 노릇 하리로다 하더라."(계5:10)

당신이 오래 기도하여 당신의 몸을 쳐서 복종시키고 이길 때 곧 육체의 모든 욕망과 싸워 이길 때, 당신은 주님의 보좌에 함께 앉게 되고 하늘에 있는 악한 영들을 꾸짖어 쫓아낼 수 있는 권능을 얻게 됩니다. 바울은 "우리의 씨름은 혈과 육을 상대하는 것이 아니요 통치자들과 권세들과 이 어둠의 세상 주관자들과 하늘에 있는 악의 영들을 상대함이라"(엡 6:12)고 했는데 '하늘에 있는 악한 영들'은 천국이나 지옥에 있지 않습니다. 별나라나 달나라에 있지도 않습니다. 육신의 사람을 삼키려고 공중에 돌아다닙니다. 바로 이 땅에 있는 것입니다. 하지만 그 악한 영들 위에 하나님의 나라가 강하게 임하면 정체를 드러내고 모두 쫓겨나게 됩니다. 예수님이 회당에서 설교할 때 그런 일이 일어났습니다. 갑자기 더러운 귀신이 정체를 드러내며 소리 지르고 떠나갔던 것입니다. 당신도 예수님처럼 오래 기도할 때 이런 일이 생길 것입니다. 기도에 헌신하십시오.

다섯째, 이 모든 것은 교회의 주의 종들이 먼저 듣고 순종해야 합니다. "귀 있는 자는 성령이 교회들에게 하시는 말씀을 들을지어다."(계 3:22) 당신의 귀를 아주 크게 여십시오. 그리고 깨어 기도하라는 주님의 음성을 듣고 순종하십시오. 나도 매일 순종하고 기도합니다.

성령이 임한 목적과 상관없는 엉뚱한 일, 잡다한 일에 빠지지 마십시오. 사도들이 과부를 접대하는 일에 빠졌다가 성령님의 음성을 듣고 정신을 차리고 결단했습니다.

"우리는 오로지 기도하는 일과 말씀 사역에 힘쓰리라."(행 6:4) 당신도 성령님의 음성을 듣고 순종하십시오.

"나의 종들아, 깨어 기도하라. 잠자는 자야, 일어나라. 그리스도께서 네게 비취시느니라. 어두움의 일, 부끄러운 일, 숨은 일, 방탕한 일을 버리고 회개하고 기도하라."

어둠의 일에 참여하지 말고 책망하라

당신은 어둠의 일에 참여하지 않습니까?

나는 어둠의 일에 참여하지 않기 위해 늘 성령님을 의지합니다. 사람들은 나를 보고 "너무 깨끗해서 범접하기 어렵다. 우리 같은 사람들과는 좀 다르다"라고 말합니다.

그렇다고 내게 다른 사람보다 조금이라도 더 대단한 것이 있는 것이 아닙니다. 그냥 주의 종으로서 종일 기도할 뿐입니다. 사람들은 말합니다. "지금은 기도하는 사람을 찾기 어려워요. 요즘 누가 그렇게 열심히 기도하나요?"

실제로 하루에 30분도 기도하지 않는 목회자가 많습니다. 그러나 다른 사람 탓하지 말고 내가 기도하는 위치에 들어가면 됩니다. 내가 기도하기 시작하면 실제로 기도를 많이 하는 사람들이 엄청 많다는 것을 알게 됩니다.

보통 하루에 7시간~10시간, 12시간씩 기도하는 주의 종들도 많습니다. 그런 종에게 큰 권능이 나타납니다.

내가 아파트에 살기 전에는 아파트가 내 눈에 안 들어왔습니다. '저 닭장 같은 곳에서 왜 사나?'라고 생각했습니다. 그러다 내가 아파트에 들어가니 다들 아파트에 살고 있었습니다. 옷이나 신발, 자동차도 그렇습니다. 내가 관심이 없고 다른 세계에서만 사니까 더 좋은 세계, 최고의 세계가 있는 줄 모르는 것입니다. 그 세계에 진입하면 동질 그룹이 크게 존재한다는 것을 발견하게 됩니다.

영적인 세계도 이와 같습니다. 사람들은 자신이 기도 안 하니까 다들 기도 안 하는 줄 압니다. 자신이 능력 없으니까 다들 능력 없는 줄로 압니다. 방언도 내가 받기 전에는 방언 하는 사람이 몇 명 없는 것처럼 느껴집니다. 내가 방언을 받고 나면 주위에 다들 방언하는 사람만 보이고 방언 안 하는 사람이 이상하게 보이고 드물게 보입니다.

귀신 쫓고 병 고치는 것도 그렇습니다. 예수님은 주의 종인 당신이 그 세계에 들어가야 한다고 말씀하십니다.

어떻게 해야 할까요? 에베소서 5장에 나옵니다.

첫째, 은밀히 행하는 어둠의 일을 다 멈추십시오. "너희는 열매 없는 어둠의 일에 참여하지 말고 도리어 책망하라. 그들이 은밀히 행하는 것들은 말하기도 부끄러운 것들이라. 그러나 책망을 받는 모든 것은 빛으로 말미암아 드러나나니 드러나는 것마다 빛이니라."(엡 5:11~13)

둘째, 영적인 잠에서 깨어나고 기도하십시오. "그러므로 이르시기를 잠자는 자여 깨어서 죽은 자들 가운데서 일어나라. 그리스도께서 너에게 비추이시리라 하셨느니라." (엡 5:14) 기도하지 않는 것은 영적인 잠을 자는 것이며 죽은 자들과 함께 무덤에 누워 있는 것과 같습니다. 기도할 때 그리스도께서 당신에게 환히 비춰 주실 것입니다. 기도하면 당신 안에 계신 예수님이 나타나십니다. 기도로 육신을 깨뜨리고 성령님의 나타나심이 있게 하십시오.

셋째, 당신에게 주어진 한정된 세월을 아끼십시오. "그런즉 너희가 어떻게 행할지를 자세히 주의하여 지혜 없는 자 같이 하지 말고 오직 지혜 있는 자 같이 하여 세월을 아끼라 때가 악하니라."(엡 5:15~16) 육체의 때는 한정되어 있습니다. 하루는 24시간, 1년은 365일, 그리고 120세까지 삽니다. 육체의 때를 영혼의 때로 바꿔야 합니다.

예수님은 33년 사셨는데 공생애 3년 동안 오로지 기도에 헌신하셨습니다. 당신도 주의 종으로 부름 받아서 사역이 시작되었다면 오로지 기도에 헌신해야 합니다. 모세도 40년 애굽 왕궁에서의 세월과 광야에서 장인 이드로의 양을 친 40년의 세월 동안 제대로 기도하지 않았습니다.

"모세가 40년 동안 기도하지 않았다고요?"

여기서 내가 말하는 기도는 식사할 때 몇 마디 중얼거리며 하는 정도가 아닙니다. 사도들처럼 "오로지 기도에 힘쓰는 일"(행 6:4)을 하지 않았다는 말입니다. 그러나 호렙 산에서 하나님을 만난 후로는 40년간 오로지 기도에 힘썼습니다. 육체의 때를 영혼의 때로 바꾼 것입니다.

넷째, 오직 성령의 충만함을 받아야 합니다. "그러므로 어리석은 자가 되지 말고 오직 주의 뜻이 무엇인가 이해하라. 술 취하지 말라. 이는 방탕한 것이니 오직 성령으로 충만함을 받으라."(엡 5:17~18) 여기서 말하는 성령 충만은 '나 자신을 위한 분량'이 아닙니다. 예수님을 구주로 믿는 사람은 성령의 샘물이 그 속에서 솟아나고 있습니다. 그 정도는 자신을 위한 것입니다. 그 속에서 영생하도록 솟아나는 샘물로 살아갈 수는 있지만 사역할 수는 없습니다.

이 샘물로 인해 수가성 여인의 목마름은 사라졌지만 예수님은 더 큰 생수의 강을 이야기하셨습니다. "나를 믿는 자는 성경에 이름과 같이 그 배에서 생수의 강이 흘러나오리라"하셨는데 이것은 그들이 '받은 성령'이 아닌 '받을 성령'을 가리켜 말씀하신 것입니다. 이러한 분량의 성령은 오순절에 임했습니다. 이를 위해 무엇을 했습니까?

오로지 기도에 힘썼습니다. 그들은 이전에 기도하지 않으므로 벌거벗은 사람들이었고 또 실제로 벌거벗은 채로 도망간 사람도 있었습니다. 그런 그들이 회개하고 돌이켜 이제는 오로지 기도에 힘쓰기 시작했습니다. 예수님의 부활을 목격한 500명 중에 380명은 자신이 부요하다며 떠났고 영적으로 벌거벗었다고 느낀 120명의 사람들이 권능의 흰옷을 사기 위해 오로지 기도했던 것입니다.

"그들이 유하는 다락방으로 올라가니 베드로, 요한, 야고보, 안드레와 빌립, 도마와 바돌로매, 마태와 및 알패오의 아들 야고보, 셀롯인 시몬, 야고보의 아들 유다가 다 거기 있어 여자들과 예수의 어머니 마리아와 예수의 아우들과 더불어 마음을 같이하여 오로지 기도에 힘쓰더라. 모인 무리의 수가 약 백이십 명이나 되더라."(행 1:13~15)

그들은 육체의 세월을 성령의 세월로 바꿨습니다.

오로지 기도에 힘썼던 것입니다. 그리고 기적이 일어났습니다. 하나님의 나라가 권능으로 임한 것입니다. "오순절 날이 이미 이르매 그들이 다같이 한 곳에 모였더니 홀연히 하늘로부터 급하고 강한 바람 같은 소리가 있어 그들이 앉은 온 집에 가득하며 마치 불의 혀처럼 갈라지는 것들이 그들에게 보여 각 사람 위에 하나씩 임하여 있더니 그들이 다 성령의 충만함을 받고 성령이 말하게 하심을 따라 다른 언어들로 말하기를 시작하니라."(행 2:1~4)

어떤 사람은 말합니다. "그렇게 기도하지 않아도 약속한 성령이 오지 않았을까요?" 물론 그렇습니다. 하지만 한 가지 확실한 것은 그렇게 기도하지 않고 자기 길로 떠난 380명에게는 성령이 임하지 않았다는 것입니다.

하나님이 약속하신 모든 것은 기도를 통해 이뤄집니다.

언약을 받았으면 기도해야 합니다. "주 여호와께서 이같이 말씀하셨느니라. 그래도 이스라엘 족속이 이같이 자기들에게 이루어 주기를 내게 구하여야 할지라. 내가 그들의 수효를 양 떼 같이 많아지게 하되."(겔 36:37)

하나님이 당신에게 어떤 언약을 하셨든, 어떤 꿈과 소원을 주셨든, 그것은 기도 응답을 통해 이뤄질 것입니다.

그러므로 오로지 기도에 힘쓰기 바랍니다.

기도하면 다 이루어집니다.

더욱 큰 권능과 은혜를 사모하라

당신은 하나님께 어떤 것을 구합니까?

예수님은 무엇이든지 제한 없이 구하라고 하셨습니다.

나는 많은 기도 제목이 있지만 그 중에 특별히 '더욱 큰 능력'을 구합니다. 성령이 내 안에 가득히 임해 있기 때문에 나 자신에게 있어서는 더 이상 부족함이 없습니다.

다윗의 고백처럼 "여호와는 나의 목자시니 내게 부족함이 없다. 주께서 내 머리에 기름을 부으셨으므로 내 잔이 넘친다"고 말할 수 있습니다. 하나님은 내게 성령을 조금이 아닌 한량없이 부어 주셨습니다. 내가 받은 성령이나 바울이 받은 성령이나 예수님이 받은 성령이 동일한 분이시며, 동일한 분량으로 넘치게 받았습니다.

어떤 신학자는 이렇게 가르칩니다.

"예수님만 한량없는 분량으로 성령을 받은 것이 아닌가요? 우리는 그렇지 않고 조금만 받았습니다."

만약 그렇다면 더욱 심각해집니다. 한량없는 성령을 받으신 예수님이 그렇게 오래 기도하고 사역하셨다면 우리는 그분보다 몇 배 더 오래 기도해야 할 것입니다. 그런데 우리 중 많은 사람들이 예수님처럼 오래 기도하지 않습니다. 기도만 빼고 다른 것은 예수님보다 더 많이 합니다.

예수님보다 운동과 골프를 더 많이 합니다. 온갖 종류의 악기를 더 많이 배우고 연주합니다. 국내외로 여행을 더 많이 합니다. 그러면서 자신의 사역에는 왜 하나님의 능력이 안 나타나는지 의아해 합니다. 기도해야 합니다.

왜 오래 기도해야 할까요? 예수님이 요단강에서 세례를 받고 물 위로 올라오실 때 아버지께 받은 성령은 한량없는 분량이었지만 그분은 습관을 따라 오래 기도하셨습니다.

자신의 목마름 때문에 기도하신 것이 아니었습니다.

불쌍한 양들을 구원하고 치유하기 위해서였습니다. "예수께서 나오사 큰 무리를 보시고 그 목자 없는 양 같음으로 인하여 불쌍히 여기사 이에 여러 가지로 가르치시더라."(막 6:34) "무리를 보시고 불쌍히 여기시니 이는 그들이 목자 없는 양과 같이 고생하며 기진함이라."(마 9:36)

우리는 예수를 구주로 믿는 순간 자신의 목마름과 굶주림이 영원히 해결되었습니다. 예수님이 하늘에서 내려온 생명의 빵이요 영원히 솟아나는 샘물이기 때문입니다.

이 말씀이 이뤄졌습니다. "예수께서 이르시되 나는 생명의 떡이니 내게 오는 자는 결코 주리지 아니할 터이요 나를 믿는 자는 영원히 목마르지 아니하리라."(요 6:35)

그런데 왜 기도해야 할까요? '다른 사람의 필요' 때문입니다. 예수님이 기도에 대한 교훈으로 밤중에 벗에게 가서 떡 세 덩이를 빌리는 친구에 대한 비유를 드셨습니다.

"내 벗이 여행 중에 내게 왔으나 내가 먹일 것이 없다. 벗이여, 떡 세 덩이를 내게 꾸어 달라."(눅 11:5~6)

자기를 위한 떡이 아니었습니다. 자기는 이미 배불리 먹고 잠자리에 누웠습니다. 나도 그렇습니다. 나는 이미 내 안에 살아 계신 예수님 때문에 배부르고 시원하고 행복합니다. 그러나 그것으로 끝나서는 안 됩니다. 아직 여행 중에 있는 수많은 굶주리고 목마른 영혼들이 있기 때문입니다. 그들에게 나눠줄 빵과 생수가 필요합니다. 그래서 우리는 벗이신 예수님께 간청해야 하는 것입니다.

나는 하나님께 받은 능력과 사랑과 절제하는 마음이 있

습니다. (딤후 1:7) 하지만 더 많은 사람들을 돕기 위해 더 큰 능력과 더 큰 사랑과 더 큰 통제력을 구합니다.

나는 밤낮 간구합니다. "아버지의 나라가 권능으로 임하소서." 그렇게 기도할 때 내게 임해 달라는 것이 아닙니다. 내게는 이미 아버지의 나라가 들어와 있습니다.

예수님은 "하나님의 나라가 여기 있다 저기 있다고도 못한다. 하나님의 나라는 너희 안에 있다"고 하셨습니다.

내 안에 하나님의 나라가 있는데 왜 또 구합니까?

예수님은 아버지의 나라가 "내게 임하소서"가 아닌 "우리에게 임하소서"라고 기도하라고 가르치셨습니다.

주기도문은 모두 "우리"입니다. "우리 아버지여, 우리에게 일용할 양식을 주옵시고, 우리가 시험에 들게 하지 마시옵고"입니다. 이해되십니까? 그래서 나는 "아버지의 나라가 권능으로 임하소서. 우리에게 임하소서"라고 종일 기도합니다. 열방의 구원과 치유를 위해서입니다.

나와 당신에게는 이미 능력과 사랑과 통제력이 가득히 있습니다. 그러므로 "아버지여, 우리에게 능력과 사랑과 통제력을 주소서"라고 기도해야 합니다. 우리에게 필요한 것은 '큰 권능'입니다. 나는 이렇게 기도합니다.

"우리에게 큰 능력과 큰 사랑과 큰 통제력을 주소서."

예수님이 보리떡 다섯 개와 물고기 두 마리로 기적을

행하셨습니다. 그것은 어린 아이의 도시락이었고 그 아이에게는 부족함이 없고 넘치는 분량이었습니다.

예수님은 그것을 들고 축복하며 기도하셨습니다.

그러자 '나의 오병이어'가 '우리의 오병이어'로 바뀌었습니다. 남자만 오천 명, 여자와 노인과 아이들을 합하면 수만 명이 되었는데 그들 모두 배불리 먹고 남았습니다.

이것이 우리를 위한 기도의 힘입니다.

나는 '우리를 위해' 오래 그것도 종일 기도합니다.

나 자신을 위해서는 한 마디만 기도해도 됩니다. 길을 걸으면서 한두 마디 기도하며 주님과 친밀한 교제를 나누고, 필요한 것도 한두 마디만 말해도 다 응답받습니다.

예수님은 "하늘에 계신 너희 천부께서 이 모든 것이 너희에게 있어야 할 줄을 구하기도 전에 다 아신다"고 했습니다. 나는 아버지의 나라가 우리에게 임하길 기도합니다.

"주여, 우리에게 더욱 큰 권능을 주소서."
"주여, 우리에게 더욱 큰 은혜를 주소서."
"주여, 우리에게 더욱 큰 지혜를 주소서."
"주여, 우리에게 더욱 큰 재정을 주소서."

성경에는 작은 능력과 큰 능력이 있습니다. 예수님은

빌라델비아 교회의 사자에게 "네가 작은 능력을 가지고서도 내 말을 지키며 내 이름을 배반하지 아니하였도다"(계 3:8)라며 칭찬하셨습니다. 물론 작은 능력도 중요합니다.

하지만 성경에는 '큰 능력'도 나옵니다. 그것을 사모하고 간절히 구해야 합니다. 또한 '권능과 큰 권능, 기사와 큰 기사'가 나오며 '은사와 더욱 큰 은사'가 나옵니다. '은혜와 큰 은혜, 더욱 큰 은혜'라는 단어가 나옵니다.

하나님의 일을 하기 위해서는 더욱 큰 권능과 은혜와 은사와 사랑과 지혜와 재정이 필요합니다. 나는 그것을 날마다 구합니다. 이런 것이 있는 줄도 모르기 때문에 구하지 않는 사람들이 있습니다. 당신도 구하기 바랍니다.

첫째, 더욱 큰 은혜를 구하십시오.

"그러나 더욱 큰 은혜를 주시나니 그러므로 일렀으되 하나님이 교만한 자를 물리치시고 겸손한 자에게 은혜를 주신다 하였느니라."(약 4:6)

둘째, 더욱 큰 은사를 구하십시오.

"너희는 더욱 큰 은사를 사모하라. 내가 또한 가장 좋은 길을 너희에게 보이리라."(고전 12:31)

셋째, 더욱 큰 권능을 구하십시오.

"이제 구하옵나니 이미 말씀하신 대로 주의 큰 권능을 나타내옵소서 이르시기를."(민 14:17)

넷째, 더욱 큰 사랑을 구하십시오.

"사람이 친구를 위하여 자기 목숨을 버리면 이보다 더 큰 사랑이 없나니."(요 15:13)

다섯째, 더욱 큰 지혜와 무역을 구하십시오.

"네 큰 지혜와 네 무역으로 재물을 더하고."(겔 28:5)

여섯째, 더욱 큰 평강을 구하십시오.

"주의 법을 사랑하는 자에게는 큰 평안이 있으니 그들에게 장애물이 없으리로다."(시 119:165)

일곱째, 더욱 큰 무리를 구하십시오.

"이에 큰 무리가 주께 더하여지더라."(행 11:24)

이것 외에도 큰 것들이 많습니다. 우리는 성경을 읽으면서 큰 것을 발견하면 그것이 무엇이든 하나님께로부터 오는 것이라면 다 구해서 받아야 합니다. 예수님은 이 모든 것이 기도를 통해 가능하다고 말씀하셨습니다.

"내가 진실로 진실로 너희에게 이르노니 나를 믿는 자는 내가 하는 일을 그도 할 것이요 또한 그보다 큰일도 하리니 이는 내가 아버지께로 감이라. 너희가 내 이름으로 무엇을 구하든지 내가 행하리니 이는 아버지로 하여금 아들로 말미암아 영광을 받으시게 하려 함이라. 내 이름으로 무엇이든지 내게 구하면 내가 행하리라."(요 14:12~14)

우리가 믿는 하나님은 크신 분입니다. 크신 하나님께

큰 것을 구하십시오. 나는 황당할 정도로 큰 것을 많이 구합니다. 그리고 다른 사람이 큰 것을 구해도 '말도 안 돼. 미쳤다'라며 비웃지 않습니다. 우리가 아무리 큰 것을 구해도 성령님께는 통의 한 방울 물과 같이 작습니다. "보라, 그에게는 열방이 통의 한 방울 물과 같고 저울의 작은 티끌 같으며 섬들은 떠오르는 먼지 같으리니 레바논은 땔감에도 부족하겠고 그 짐승들은 번제에도 부족할 것이라. 그의 앞에는 모든 열방이 아무것도 아니라. 그는 그들을 없는 것 같이, 빈 것 같이 여기시느니라."(사 40:15~17)

오늘부터 크신 성령님과 함께 크게 생각하십시오.

모든 꿈과 소원은 통의 한 방울 물과 같습니다.

모든 문제는 저울의 작은 티끌 같습니다.

모든 열방이 아무것도 아닙니다.

성령님이 최고이십니다.

수천수만 배의 기름 부으심을 간구하라

당신은 더 큰 기름 부으심이 나타나기를 구합니까?

나는 더 큰 기름 부으심을 애타게 사모하며 간구합니다. 내 안에는 이미 주께 받은 기름 부으심이 가득합니다. 요한일서 2장 27절에 "너희는 주께 받은 바 기름 부음이 너희 안에 거하나니"라고 했기 때문입니다. 하지만 나는 그것만으로 만족하지 않습니다. 내 안에 거하는 기름 부으심만 아니라 내 밖에 나타나는 기름 부으심을 원합니다.

이것이 곧 더 큰 기름 부으심입니다.

예수님은 "아버지의 나라가 내게 임하옵시며"라고 기도

하라고 하지 않으셨습니다. "우리에게 임하옵시며"라고 기도하라고 하셨습니다. 우리의 삶과 사역이 나에서 우리에게로 지경이 넓어져야 합니다. 하나님은 '나의 아버지'이면서 동시에 '우리 아버지'이기 때문입니다.

나는 하루에 몇 시간씩 기도하는데 어느 날 주님께서 내게 더 많이 기도하라고 하셨습니다. '아들아, 내가 네게 원하는 기도 분량이 있다. 너는 10시간 기도하라.'

사람들이 왜 그렇게 오래 기도하느냐고 물으면 나는 짧게 대답합니다. "주님이 내게 그렇게 기도하라고 지시하셨기 때문에 순종할 뿐입니다. 사람마다 다릅니다."

주님이 각 사람에게 원하시는 기도 분량이 있습니다.

우리가 10분을 기도하든 10시간을 기도하든 기도의 분량과 의는 아무 상관없습니다. 기도를 매일 10시간씩 한다고 남보다 1이라도 더 의로워지는 것은 아닙니다. 하지만 성령님의 나타나심과 능력에는 상관이 있습니다.

예수님은 제자들보다 더 많이 기도하셨습니다.

죄가 없는 하나님의 아들 예수님, 율법을 완성하러 오신 예수님, 하나님이 많이 좋아하고 사랑하시는 예수님, 40일 금식까지 끝내신 예수님, 그런 분이 매일 습관을 좇아 한적한 곳에 가서 오래 기도하셨던 것입니다.

예수님이 그렇게 한나절 또는 종일 기도하셨다면 우리

는 말할 것도 없습니다. 나는 하루 일과 중에 다른 어떤 것보다 기도하는데 시간을 더 많이 보냅니다. 그런데도 많은 일을 해냅니다. 왜 그럴까요? 기름 부으심 안에서 일하기 때문입니다. 어떻게 일하느냐고 묻는 사람들에게 나는 이렇게 대답합니다. "들숨과 날숨을 통해 흐름을 타며 기름 부으심을 따라 덩실덩실 춤추며 모든 일을 합니다."

기름 부으심 없이 몇 년 걸려야 하는 일을 기름 부으심 안에서는 1분 또는 10분 만에 해낼 수 있습니다. 한 번에 3천 명, 5천 명이 회개하기도 합니다. 재정도 하루에 1억, 10억이 들어옵니다. 우리는 더 많이 기도해야 합니다.

사도들은 결단하고 "우리는 오로지 기도하는 일과 말씀 사역에 힘쓰리라"(행 6:4)고 말했습니다.

기도는 골방에서 하는 것이기에 사람들의 눈에 띄지 않을 뿐더러 사람들에게 영광을 받는 일이 아닙니다. 하지만 은밀한 중에 보시는 하나님 아버지가 다 듣고 계시며 반드시 응답하십니다. 그것도 늦지 않고 '속히' 응답하십니다.

기도 응답이 더디다고 힘들어 하는 사람이 많습니다.

예수님이 속히 응답하신다고 약속하셨습니다. "내가 너희에게 이르노니 '속히' 그 원한을 풀어 주시리라. 그러나 인자가 올 때에 세상에서 믿음을 보겠느냐."(눅 18:8)

하나님 아버지는 좋은 분이시며 그분의 자녀가 기도한

것에 대해 더디지 않고 속히 응답하겠다고 약속하셨습니다. 그러므로 "하나님이 내 기도에 속히 응답하신다"고 믿고 말하십시오. 기도를 포기하지 말고 계속 하십시오.

하나님이 당신을 더 많은 기도로 부르십니다. 기도에의 부르심에 순종하고 종일 기도하기로 헌신하십시오.

미국에는 '전교인 12시간 기도회'를 정기적으로 여는 한 목사님이 있습니다. 그분은 말하기를 "내 평생 1조 원을 헌금하겠다. 그리고 1억 명의 영혼을 전도해서 구원하겠다"고 작정했고 그대로 실천하고 있습니다.

사람들이 미국의 교회들을 보면서 "미국은 기도하지 않는다"라고 하지만 기도하는 주의 종들이 정말 많습니다. 요즘은 흑인이든 백인이든 미친 듯이 기도합니다. 성령의 권능이 넘쳐 날 때까지 매일 10시간씩 기도하는 흑인도 많고 백인도 많습니다. 나는 동양인입니다. 지금은 한류 열풍 때문에 동양인의 위상이 높아졌지만 그것보다 더 중요한 것은 '기도 열풍'입니다. 우리는 하나님의 눈에 큰 자로 보여야 하며 이는 기도를 통해서만 가능합니다.

당신과 나는 깨어서 지금보다 더 많이 기도해야 합니다. 1시간 기도하고 있습니까? 2시간, 3시간, 기도 시간을 늘리십시오. 10시간, 12시간으로 늘리십시오. 내가 쓴 〈종일 기도〉라는 책을 읽고 종일 기도에 헌신하십시오.

우리 모두 더 많이 기도합시다.

오래 기도했으면 안수하라

당신은 기도한 후에 안수합니까?

안수는 하나님께 받은 은혜와 은사를 다른 사람에게 나누어 주는 것입니다. 종일 기도만 하고 끝내지 말고 기회가 될 때마다 자신과 다른 사람에게 안수하십시오.

나는 기도한 후에 내 머리에 손을 얹고 명령합니다.

"나사렛 예수 그리스도의 이름으로 명하노니 모든 악한 영들은 떠나가라. 내 몸에 있는 질병과 연약함은 사라져라. 지혜가 가득해져라. 모든 재정은 들어와라."

당신도 자신의 머리에 손을 얹고 명령하기 바랍니다.

그리고 다른 사람에게도 더 많이 안수하십시오. "나는 안수하는 거 별로 안 좋아해요. 꼭 안수해야 하나요?"

그건 자신의 견해이고 육신의 생각입니다. 하나님은 안수를 통해 일하겠다고 자신의 사역 방침을 정하셨습니다.

주인이신 하나님이 정하시면 종인 우리는 따라야 합니다. 주님은 귀신이 쫓겨나고 병 고침 받는 것만 아니라 성령이 임하는 것까지 안수를 통해 행하셨습니다. "이에 두

사도가 그들에게 안수하매 성령을 받는지라."(행 8:17)

당신도 안수할 때 성령이 임할 것입니다.

안수할 때 능력이 전달된다

모세와 여호수아를 보십시오. 여호수아는 40년 동안 모세를 따라다녔는데 모세가 40일 금식할 때도 가장 가까이 있었고 모세의 입에서 나오는 모든 말씀을 들었고 모세가 행하는 모든 기적을 보았지만 후계자로 모세의 사역을 위탁받은 것은 '안수'를 통해서였습니다. 물론 주님께서 모세에게 후계자로 안수하라고 먼저 지시하셨습니다.

"모세가 그에게 안수하여 위탁하되."(민 27:23)

안수 받기 전에 여호수아는 어떤 사람이었습니까?

첫째, 여호수아는 모세를 주인으로 섬겼습니다. "택한 자 중 한 사람 곧 모세를 섬기는 눈의 아들 여호수아가 말하여 이르되 내 주 모세여 그들을 말리소서."(민 11:28)

둘째, 여호수아는 모세의 부하로 모든 일에 순종했습니다. "모세가 그의 부하 여호수아와 함께 일어나 모세가 하나님의 산으로 올라가며."(출 24:13)

부하는 대장이 시키는 일만 하는 사람입니다. 자기 임

의대로 일하는 사람이 아닙니다. 부하는 상관에게 지시를 받고 지시 받은 그대로 행해야 합니다. 여호수아는 모세에게 지시 받은 이상으로 움직이지 않았습니다. 이것이 좋은 부하이며, 좋은 부하가 좋은 장군이 될 수 있습니다.

셋째, 여호수아는 모세 곁을 지켰습니다. "사람이 자기의 친구와 이야기함 같이 여호와께서는 모세와 대면하여 말씀하시며 모세는 진으로 돌아오나 눈의 아들 젊은 수종자 여호수아는 회막을 떠나지 아니하니라."(출 33:11)

넷째, 여호수아는 모세를 통해 말씀을 들었습니다. "여호와께서 모세에게 이르시되 이것을 책에 기록하여 기념하게 하고 여호수아의 귀에 외워 들리라. 내가 아말렉을 없이하여 천하에서 기억도 못하게 하리라."(출 17:14)

다섯째, 여호수아는 여호와를 온전히 따랐습니다. "그러나 그나스 사람 여분네의 아들 갈렙과 눈의 아들 여호수아는 여호와를 온전히 따랐느니라 하시고."(민 32:12)

여섯째, 안수를 통해 여호수아는 모세의 일을 위탁받았습니다. "여호와께서 모세에게 이르시되 눈의 아들 여호수아는 그 안에 영이 머무는 자니 너는 데려다가 그에게 안수하고 그를 제사장 엘르아살과 온 회중 앞에 세우고 그들의 목전에서 그에게 위탁하여 네 존귀를 그에게 돌려 이스라엘 자손의 온 회중을 그에게 복종하게 하라. 그는 제사장 엘르아살 앞에 설 것이요 엘르아살은 그를 위하여 우림의 판결로써 여호와 앞에 물을 것이며 그와 온 이스라엘자손 곧 온 회중은 엘르아살의 말을 따라 나가며 들어올 것이니라. 모세가 여호와께서 자기에게 명령하신 대로 하여 여호수아를 데려다가 제사장 엘르아살과 온 회중 앞에 세우고 그에게 안수하여 위탁하되 여호와께서 모세에게 명령하신 대로 하였더라."(민 27:18~23)

일곱째, 모세의 안수를 통해 여호수아에게 지혜의 영이 충만해졌고 엄청난 권위가 생겼습니다. "모세가 눈의 아들 여호수아에게 안수하였으므로 그에게 지혜의 영이 충만하니 이스라엘 자손이 여호와께서 모세에게 명령하신 대로 여호수아의 말을 순종하였더라."(신 34:9)

주의 종을 잘 섬기라

당신은 다른 주의 종을 잘 섬깁니까?

나와 아내는 다른 주의 종을 만날 때 그들의 사환처럼 섬겼습니다. 다른 주의 종들이 오면 그들의 가방을 들어주고 차와 신발을 닦아 주고 물을 떠다 주었습니다. 이런저런 모양으로 수백 명의 주의 종들을 섬겼습니다.

그런 중에 사람의 영광을 구하지 않고 오직 하나님의 영광을 구했습니다. 사람의 영광은 먼지와 같고 아무 것도 아닙니다. 사람들은 그런 우리를 보고 대단하다고 했지만 우리는 "아닙니다. 주의 종을 섬기는 일입니다. 지극히 작은 일이며 당연히 해야 하는 일입니다"라고 대답했습니다.

하나님은 그 모든 걸 다 보고 계셨습니다. 하나님이 당신을 주의 종으로 부르셨습니까? 가장 높은 곳에 올라가려고 애쓰지 말고 가장 낮은 곳에서 물을 뜨며 섬기십시오. 하나님은 스스로 올라가는 자는 끌어내리시고 스스로 내려가는 자는 끌어올리십니다. 그분이 주권자이십니다.

하나님이 당신이 행하는 것을 다 보고 계십니다. 그분이 당신의 겸손에 대해 반드시 상을 주실 것입니다.

실제로 나와 아내는 하나님께 많은 상을 받았습니다.

여호수아도 모세를 섬겼습니다. 예수님의 제자들은 서로 존경하며 섬기려고 하지 않고 서로 무시하며 높아지려고 했습니다. 예수님은 "너희 중에 큰 자는 너희를 섬기는 자가 되어야 하리라"(마 23:11)고 하셨습니다. 당신도 그렇습니다. 주의 종으로 기름 부으심을 받아 위대한 사역을 하기 전에 겸손히 다른 사람을 섬겨야 합니다.

갑절의 영감을 받았던 엘리사도 엘리야를 섬겼습니다.

성경은 "엘리사가 엘리야를 따르며 수종 들었다."(왕상

19:21) "전에 엘리야의 손에 물을 붓던 사밧의 아들 엘리사"(왕하 3:11)라고 말씀합니다. 다른 종의 손에 물을 붓던 엘리사의 손이 갑절의 능력을 행하는 손이 되었습니다.

나도 다른 주의 종들을 섬겼습니다. 해마다 그분들을 찾아가 인사하고 안수 기도를 받았습니다. 내가 전도사로 학생부를 사역할 때는 담임 목사님의 차를 닦아 드리고 마실 물을 떠다 드리고 온갖 잔심부름을 다했습니다.

나는 그분의 부하이자 사환이었습니다.

나는 하나님 앞에서 하나님이 기름 부으신 종을 섬기기 위해 그 일을 한 것이지 단순히 사람의 종으로 한 것은 아닙니다. 어떤 사람은 이 말을 듣고 "내가 왜 그 따위 일을 해야 해? 나도 주의 종인데"라고 할 것입니다.

한 신학생이 교수님에게 물었습니다.

"제가 이렇게 신학교에 오게 되다니 꿈만 같습니다. 제가 무엇을 하면 하나님께 크게 쓰임 받게 될까요?"

그 교수님이 말했습니다.

"오늘부터 화장실 청소를 하게."

그는 이렇게 대답하고 나왔습니다.

"네? 뭐라고요? 제가 그런 하찮은 일을 하러 이 신학교에 온 줄 아세요? 그래도 교수님이 이 학교에서 기도 많이 하는 신령한 분이라고 해서 교수님 밑에서 신학을 배우겠다고 왔는데 그런 일을 시키시다니요. 실망입니다."

한동안 분노가 가라앉지 않고 힘들어 하는 그에게 주님
께서 세미한 음성으로 말씀하셨습니다.

'네가 그 일을 하면 어떠냐? 누군가는 해야 하는데 전에
는 그 교수가 했다. 이 학교에는 청소부가 없다. 이 신학교
는 나의 것이다. 네가 나의 화장실을 청소하면 좋겠다. 지
극히 작은 일이지만 즐겨 순종하면 안 되겠니?'

그 음성을 들은 신학생은 다시 교수님을 찾아가 용서를
구하고 화장실 청소를 하게 되었습니다. 그곳에서 종으로
섬기는 것을 배우게 되었고 나중에 하나님께 귀하게 쓰임
받는 종이 되었습니다. 당신은 어떻습니까?

물 한 컵 뜨는 일부터 시작하십시오. 나는 은혜를 받고
교회를 섬기고 싶어 하는 한 신학생에게 말했습니다.

"주일마다 네가 강단에 물을 떠놓으면 좋겠다. 그것은
단순히 나를 섬기는 것이 아니라 주님을 섬기는 거야."

내 말을 듣고 그는 즐겨 순종했습니다.

어떤 이는 짜증내며 "자기는 손이 없어, 발이 없어"라고
할 것입니다. 그러지 마십시오. 당신에게 그런 기회가 주
어지면 즐겁게 순종하고 충성하기 바랍니다. 그러면 당신
의 가문에서 주의 종이 많이 나올 것입니다. "선지자의 이
름으로 선지자를 대접하면 선지자의 상을 받는다"고 했기

때문입니다. 선지자의 상은 죽어 천국에 가서 받는 것이
아닙니다. 이 땅에서 당신과 당신의 가문이 받습니다.

이 얼마나 귀한 일입니까?

사람을 세우기 전에 오래 기도하라

당신은 '사역 위탁을 위한 안수'를 아십니까?

사역 위탁을 위한 안수는 일꾼을 위한 안수입니다.

단체는 목사와 선교사를 파송할 때 안수합니다. 안수
집사와 장로를 세울 때도 안수합니다. 이런 안수는 모두
'위탁 안수'이며 직임을 위한 것입니다. 바울은 디모데에
게 "너는 아무에게나 경솔히 안수하지 마라"(딤전 5:22)고
했는데 여기에 나오는 '안수'는 신유와 축사, 축복과 은사
를 위한 안수가 아닌 '직분을 위한 위탁 안수'입니다.

조급한 마음으로 아무나 안수해서 교회 일꾼으로 세우
지 말라는 것입니다. 오늘날 주의 종들이 목회하면서 왜
시험에 들고 힘들어집니까? 아무나 안수해서 지도자로 세
우기 때문입니다. 세상 기준으로 돈과 명예, 권세와 학벌,
땅과 빌딩, 성격과 인품을 보고 마구 안수해서 집사와 장
로로 세우면 안 됩니다. 절대로 그러지 말아야 합니다.

외모가 아닌 중심을 봐야 합니다. 그러려면 그들을 택하여 세우기 전에 주의 종이 기도를 많이 해야 합니다.

결코 당장 눈앞에 보이는 재정 문제를 해결하기 위해, 또는 교세를 화장하고 튼튼히 하기 위해 직분자를 안수해서 세우면 안 됩니다. 그런 일이 있었다면 회개해야 합니다. 어떻게 일꾼을 선택하고 안수해야 합니까?

하나님 앞에서 편견 없이 선택하고 안수해야 합니다.

"장로에 대한 고발은 두세 증인이 없으면 받지 말 것이요 범죄한 자들을 모든 사람 앞에서 꾸짖어 나머지 사람들로 두려워하게 하라. 하나님과 그리스도 예수와 택하심을 받은 천사들 앞에서 내가 엄히 명하노니 너는 편견이 없이 이것들을 지켜 아무 일도 불공평하게 하지 말며 아무에게나 경솔히 안수하지 말고 다른 사람의 죄에 간섭하지 말며 네 자신을 지켜 정결하게 하라."(딤전 5:19~22)

하나님의 지시를 따라 안수하라

모세는 여호수아에게 안수하므로 자신의 모든 사역을 위탁했습니다. 위탁은 '다른 사람에게 사물이나 사람의 책임을 맡기는 것'을 말합니다. 하나님께서는 안수를 통해 그 일을 하라고 지시하셨습니다. 모세는 '하나님의 지시를 따라' 안수하므로 여호수아에게 사역을 위탁했습니다.

"여호와께서 모세에게 이르시되 눈의 아들 여호수아는 그 안에 영이 머무는 자니 너는 데려다가 그에게 안수하고 그를 제사장 엘르아살과 온 회중 앞에 세우고 그들의 목전에서 '그에게 위탁하여' 네 존귀를 그에게 돌려 이스라엘 자손의 온 회중을 그에게 복종하게 하라."(민 27:18~20)

이것이 곧 '위탁을 위한 안수'입니다. 신유와 축사, 축복과 은사를 위한 안수와는 다릅니다. 이러한 위탁 안수는 임의대로 하거나 받는 것이 아니며, 반복해서 여러 번 안수하지 않고 한 번으로 끝났습니다. "모세가 여호와께서 자기에게 명령하신 대로 안수했다"고 했습니다.

이 사실을 기억하고 오래 기도하십시오. 교회 안에서 지도자를 세울 때 신중하고 주님께 꼭 물으십시오.

하나님의 아들이신 예수님조차도 자기의 열두 제자를 택하기 전에 밤을 새우며 기도하셨습니다. 예수님께 말씀을 듣고 병도 고침 받고자 온 수만 명 군중들의 투표로 뽑은 것이 아니었습니다. 지금은 교회들이 민주주의 방식으로 투표합니다. 비록 그럴지라도 주의 종은 오래 기도해야 합니다. 그것도 10분, 20분이 아닌 예수님처럼 밤을 새우며 기도해야 합니다. 그런 후에 일꾼을 세워야 합니다.

질서를 따라 통치하고 통제하라

하나님은 '질서의 하나님'이십니다.

교회는 질서를 따라 통치하고 통제해야 합니다.

바울은 고린도 교회에 "하나님은 무질서의 하나님이 아니시요 오직 화평의 하나님이시니라. 모든 것을 품위 있게 하고 질서 있게 하라"(고전 14:33, 40)고 했습니다.

하나님 아버지와 예수님, 열두 제자와 제자의 많은 무리, 예수의 말씀도 듣고 병 고침을 받으려고 여러 지역에서 온 많은 백성들, 더러운 귀신에게 고난 받는 자들이 각각 어떤 위치에 있었는지 아래의 내용을 살피십시오.

"이 때에 예수께서 기도하시러 산으로 가사 밤이 새도록 하나님께 기도하시고 밝으매 그 제자들을 부르사 그 중에서 열둘을 택하여 사도라 칭하셨으니 곧 베드로라고도 이름을 주신 시몬과 그의 동생 안드레와 야고보와 요한과 빌립과 바돌로매와 마태와 도마와 알패오의 아들 야고보와 셀롯이라는 시몬과 야고보의 아들 유다와 예수를 파는 자 될 가룟 유다라. 예수께서 그들과 함께 내려오사 평지에 서시니 그 제자의 많은 무리와 예수의 말씀도 듣고 병 고침을 받으려고 유대 사방과 예루살렘과 두로와 시돈의 해안으로부터 온 많은 백성도 있더라. 더러운 귀신에게 고

난 받는 자들도 고침을 받은지라. 온 무리가 예수를 만지려고 힘쓰니 이는 능력이 예수께로부터 나와서 모든 사람을 낫게 함이러라."(눅 6:12~19)

사람들을 차별하지 말고 구별하라

당신은 사람들을 차별하지 않습니까?

나는 사람을 차별하지 않고 모든 사람을 존중합니다.

하지만 '구별'은 합니다. 하나님도 사람을 구별하여 하나님의 큰 집에 '귀히 쓰는 그릇'과 '천히 쓰는 그릇'으로 삼으신다고 했습니다. 주방에서 쓰는 날선 칼을 비롯한 모든 기구들은 구별해서 써야 하며 음식물을 담는 그릇도 그렇습니다. 사람들은 움직일 때 입는 옷도 구별하고 이동 수단인 비행기, 자동차, 기차, 버스도 구별합니다.

우리에게는 이런 분별력 곧 지혜가 필요합니다.

모세가 여호수아에게 안수할 때 "그에게 지혜의 영이 충만했다"(신 34:9)고 했습니다. 지혜는 '옳고 그름을 분별하는 능력'입니다. 솔로몬이 하나님께 지혜를 구했을 때 그런 능력을 받았습니다. "누가 주의 이 많은 백성을 재판할 수 있사오리이까? 듣는 마음을 종에게 주사 주의 백성을 재판하여 선악을 분별하게 하옵소서. 솔로몬이 이것을 구하매 그 말씀이 주의 마음에 든지라."(왕상 3:9~10)

그는 오직 백성들의 송사를 듣고 분별하는 지혜를 구했던 것입니다. 이것이 지혜롭고 총명한 마음입니다.

당신도 송사를 듣고 분별하는 지혜가 필요합니다.

하나님은 어떤 사람도 차별하지 않지만 구별은 하십니다. 예수님도 자기에게 오는 사람을 차별하지 않았지만 구별은 하셨습니다. 베드로와 안드레와 요한, 열두 제자, 칠십 인의 제자, 무리들, 병자와 귀신들린 자들, 종교 지도자들, 나라의 왕과 관원과 군병들을 모두 구별하여 대하셨습니다. 구별하는 지혜가 없으면 그들에게 휘둘립니다.

예수님은 아무나 안수해서 병을 고치지 않으셨습니다.

오직 병 낫기를 간절히 사모하며 그분의 옷자락이라도 만지겠다며 나아온 사람을 안수하여 치유하셨습니다.

사람들이 말합니다. "김열방 목사님, 우리 집에 오셔서 온 가족에게 안수 좀 해주세요. 남편도 자녀도 모두요."

나는 그들에게 말합니다.

"먼저 그들에게 안수 받고 싶은지 물어보세요."

하나님은 인격적인 분이시며 안수 받는 사람들의 의사를 존중하십니다. 안수하고 기도해 주심을 바라고 당신 주변 사람들을 데리고 주의 종에게 찾아가십시오. 이것이 지혜입니다. "그 때에 사람들이 예수께서 안수하고 기도해 주심을 바라고 어린 아이들을 데리고 오매 예수께서 그들에게 안수하시고 거기를 떠나시니라."(마 19:13, 15)

예수님은 지금도 안수하며 축복하십니다.

예수님은 안수자이십니다.

아무리 바빠도 안수하고 안수 받으라

예수님은 안수를 매우 중요하게 여기셨습니다.

마태복음 19장 13~15절에 보면 예수님이 아이들에게 안수하시는 장면이 나옵니다. 사람들이 예수님께 어린이들을 데리고 와서 손을 얹어서 기도하여 주시기를 바랐습니다. 그런데 제자들이 그들을 꾸짖었습니다.

예수님께서 제자들에게 말씀하셨습니다.

"어린이들이 내게 오는 것을 허락하고 막지 말아라. 하늘나라는 이런 어린이들의 것이다."

그리고 그들에게 안수하시고 거기에서 떠나셨습니다.

"그들에게 안수하시고 거기를 떠나시니라."(마 19:15)

예수님은 그들의 부탁을 거절하고 안수 안 하고 거기를 떠날 수도 있었지만 기꺼이 시간 내어 안수하셨습니다.

나는 안수를 매우 중요하게 여깁니다. 심방을 가도 부모가 부탁하면 어린 아이들에게도 안수합니다. 그러면 그들에게 성령이 임하고 즉시 방언을 말하게 됩니다. 병이 낫습니다. 악한 영이 떠나갑니다. 아이들이 내가 안수하며 해주는 예언의 말을 듣고 그대로 복을 받습니다.

나는 20대에 부흥회를 많이 참석했습니다. 그때는 동네의 작은 교회에서도 부흥회를 많이 열었습니다. 좁은 예배당은 앉을 자리가 없어 문 입구에까지 서서 예배했고 성도들이 강대상까지 올라가 강사님 발밑에 앉아서 아멘 아멘하며 말씀을 들었습니다. 나는 어떤 집회를 가든지 안수받는 것을 귀하게 여겼습니다. 주의 종이 안수하겠다고 하면 맨 먼저 뛰어나가 안수 받곤 했습니다. 많은 독자들은 내가 안수하는 장면만 사진으로 보아 알 겁니다. 하지만 나는 안수하기 이전에 주의 종들에게 안수 받았습니다.

부흥회에 가서 설교를 들을 때는 맨 앞자리에 앉아서 들었습니다. 설교가 끝난 후에 주의 종이 안수한다고 하면 달려 나갔습니다. 나는 한 번 안수 받음으로 10년 동안 아팠던 위장병이 깨끗이 나았습니다. 나는 안수의 힘을 믿습니다. 때로는 안수 받을 때 예언을 받으며 성령의 권능 아래 쓰러졌는데 한참을 누워 있기도 했습니다. 그때 받은 예언이 10년이 지나자 이루어졌습니다. 외국에서 온 한 사역자는 아내에게 안수하며 예언했습니다.

"나는 당신이 이 건물 저 건물로 다니며 사업하는 것이 눈에 보입니다. 당신은 크게 사업하게 될 것입니다."

사모인 아내에게 그렇게 예언하는 것을 들은 다른 목사님이 말했습니다. "이분은 사모입니다. 주의 종입니다."

그러자 그분이 말했습니다.

"나도 압니다. 그런데 사업도 하게 될 겁니다."

그리고 10년이 지나자 정말 하나님이 사업을 하게 하셨습니다. 당신도 안수 받기를 사모하고 부탁하십시오.

하나님은 지금도 안수를 통해 많은 일을 행하십니다.

아무리 바빠도 안수하고 안수 받으십시오.

안수 받을 때 아멘 하고 받으라

당신은 안수 받을 때 아멘 하고 받습니까?

나는 주의 종들에게 안수 받을 때 그분들이 축복하는 내용이 다 이루어진다고 마음에 조금도 의심하지 않고 아멘 하고 받았습니다. 놀라운 것은 그 믿음대로 하나님께서 내게 다 응답하셨다는 것입니다. 나는 청년 시절의 담임 목사님에게 식사를 대접하며 감사의 말을 전했습니다.

"목사님, 정말 감사합니다. 목사님께서 저를 위해 안수 기도해 주신 것이 목사님이 제게 주신 가장 큰 선물과 도움이었습니다. 저는 목사님이 기도해 주실 때 말씀하신 내용을 기억하고 조금도 의심하지 않고 다 믿었습니다. 그리고 그 기도해 주신 그대로 다 이루어졌습니다."

안수는 손을 얹는 것이며, 그 육체의 손에 어떤 신비한 힘이 담겨 있는 것이 아닙니다. 하지만 주의 종이 주님의 음성을 듣고 믿음으로 손을 얹을 때 성령의 권능이 나타나므로 치유와 축사, 축복의 기적이 일어납니다.

모세가 지팡이를 들었을 때 그 마른 막대기에 어떤 신비한 힘이 있었던 것이 아닙니다. 하지만 모세가 주님의 음성을 듣고 믿음으로 지팡이를 들었을 때 하나님의 권능이 나타나므로 여러 가지 기적이 일어났던 것입니다.

모세가 지팡이를 던졌을 때 그 지팡이가 뱀이 되었고 뱀 꼬리를 잡았을 때 그 뱀이 다시 지팡이가 되었습니다. 모세가 지팡이를 들었을 때 열 가지 재앙이 일어났고 홍해가 갈라져 바닥에 먼지가 일었고 다시 지팡이를 들자 홍해가 합쳐져 바로와 그의 군대가 모두 수장되었습니다.

"나는 그런 지팡이가 없는데요."

괜찮습니다. 그런 지팡이보다 억만 배나 더 좋은 '예수 이름'이 있습니다. 예수님께서 자신의 이름을 마음껏 사용하라고 말씀하셨습니다. "너희는 온 천하에 다니며 만민에게 복음을 전파하라. 믿고 세례를 받는 사람은 구원을 얻을 것이요 믿지 않는 사람은 정죄를 받으리라. 믿는 자들에게는 이런 표적이 따르리니 곧 그들이 내 이름으로 귀신을 쫓아내며, 새 방언을 말하며, 뱀을 집어올리며, 무슨 독을 마실지라도 해를 받지 아니하며, 병든 사람에게 손을 얹은즉 나으리라 하시더라. 주 예수께서 말씀을 마치신 후에 하늘로 올려지사 하나님 우편에 앉으시니라. 제자들이 나가 두루 전파할새 주께서 함께 역사하사 그 따르는 표적으로 말씀을 확실히 증언하시니라."(막 16:15-20)

당신이 예수 이름으로 안수할 때 주께서 함께 역사하십니다. 그러므로 반드시 시간 내어 안수하기 바랍니다.

예수 이름으로 담대하게 안수하라

당신은 예수 이름을 많이 사용합니까?

나는 예수 이름으로 담대하게 안수하고 명령합니다.

참으로 안타까운 것은, 온갖 고통과 문제 가운데 있으면서도 하루에 한 번, 한 달에 한 번, 1년에 한 번도 이 엄청난 능력을 가진 예수 이름을 사용하지 않는 사람이 많다는 것입니다. 오늘부터 예수 이름을 사용하기 바랍니다.

예수 이름은 하늘과 땅의 모든 권세를 가진 이름입니다. 아무리 목사라도 예수 이름을 모르고 사용하지도 않으면 능력이 안 나타납니다. 집사라도 예수 이름을 알고 사용하면 능력이 나타납니다. 빌립은 집사였는데 그의 사역이 어땠습니까? "많은 사람에게 붙었던 더러운 귀신들이 크게 소리를 지르며 나가고 또 많은 중풍병자와 못 걷는 사람이 나으니 그 성에 큰 기쁨이 있더라."(행 8:7~8)

빌립이 무엇을 전했습니까? 하나님의 나라가 권능으로 임했다는 것과 예수 그리스도의 이름에 관한 것입니다.

"빌립이 하나님 나라와 및 예수 그리스도의 이름에 관하여 전도함을 그들이 믿고 남녀가 다 세례를 받으니 시몬도 믿고 세례를 받은 후에 전심으로 빌립을 따라다니며 그 나타나는 표적과 큰 능력을 보고 놀라니라."(행 8:12~13)

당신도 이 두 가지를 알고 전해야 합니다. 1년에 한 번도 예수 이름을 전하지 않고 예수 이름으로 안수하지도 않는다면 어떻게 성령의 큰 권능이 나타나겠습니까?

나는 문제가 생길 때마다 예수 이름으로 명령합니다.

기도할 때도 예수 이름을 먼저 내세우며 내가 원하는 것을 구합니다. "예수 이름으로 구하오니 이것을 주소서"라고 기도하는 것입니다. 예수님은 "내 이름으로 무엇이든지 내게 구하면 내가 행하리라"(요 14:14)고 하셨습니다.

예수 이름으로 구하고 찾고 두드리십시오. 그러면 응답이 옵니다. 100년 동안 몸부림을 쳐도 해결 안 되는 문제가 하루 만에 해결됩니다. 예수 이름으로 명령하십시오.

오늘날 교회 안팎으로 많은 문제들이 산적해 있습니다.

그런데 왜 그 문제들이 잘 해결되지 않을까요? 예수 이름을 사용하지 않기 때문입니다. 예수 이름으로 묶고 풀어야 합니다. 예수 이름이 천국 열쇠입니다. 예수 이름으로 죄와 목마름, 병과 가난, 어리석음과 징계와 죽음은 묶고 의와 성령 충만, 건강과 부요, 지혜와 평화와 생명은 풀어 놓으십시오. 예수 이름은 쓰라고 주신 것입니다.

부활하신 예수님의 이름을 캄캄한 무덤 속에 고이 묻어 두고 돌문으로 닫고 꺼내 쓰지 않으면 아무 소용없습니다.

예수 이름은 사망 권세를 깨뜨린 권능의 이름입니다.

예수님은 "너희가 내 이름으로 귀신을 쫓아내라"고 하셨습니다. 제자들은 "우리가 주의 이름으로 귀신을 명하니 항복했다"고 했습니다. 예수 이름은 악한 마귀를 대적하고 더러운 귀신을 내쫓는 이름입니다. 또한 예수 이름은 생명을 얻게 하는 이름입니다. "너희 이름이 하늘나라 생명책에 기록된 것으로 기뻐하라"(눅 10:20)고 했습니다.

예수 이름은 구체적으로 어떤 의미가 있을까요?

첫째, 예수 이름으로 어린 아이를 섬겨야 합니다.

"또 누구든지 내 이름으로 이런 어린 아이 하나를 영접하면 곧 나를 영접함이니."(마 18:5)

둘째, 예수 이름으로 모일 때 예수님이 임하십니다.

"두세 사람이 내 이름으로 모인 곳에는 나도 그들 중에 있느니라."(마 18:20)

셋째, 예수 이름으로 세례를 베풀어야 합니다.

"그러므로 너희는 가서 모든 민족을 제자로 삼아 아버지와 아들과 성령의 이름으로 세례를 베풀고."(마 28:19)

넷째, 예수 이름으로 귀신을 내쫓습니다. "어떤 자가 주의 이름으로 귀신을 내쫓는 것을 우리가 보고."(막 9:38)

다섯째, 예수 이름 때문에 모든 사람에게 미움을 받습니다. "또 너희가 내 이름으로 말미암아 모든 사람에게 미움을 받을 것이나."(눅 21:17)

여섯째, 예수 이름으로 무엇이든지 구하면 응답받습니다. "너희가 내 이름으로 무엇을 구하든지 내가 행하리니 이는 아버지로 하여금 아들로 말미암아 영광을 받으시게 하려 함이라."(요 14:13)

일곱째, 예수 이름으로 명령하면 치유가 일어납니다.

"베드로가 이르되 은과 금은 내게 없거니와 내게 있는 것으로 네게 주노니 나사렛 예수 그리스도의 이름으로 일

어나 걸으라 하고."(행 3:6)

그 외에도 예수 이름의 권세는 많습니다.

성경을 읽고 연구하며 깨달음을 얻기 바랍니다.

이 책에서 강조하고 싶은 것은 "예수 이름을 많이 사용하라"는 것입니다. 예수 이름에 아무리 큰 비밀과 권능이 담겨 있어도 사용하지 않으면 소용없습니다. 예수 이름을 믿고 구원을 받으십시오. 예수 이름으로 무엇이든지 구하십시오. 예수 이름으로 질병과 귀신을 꾸짖으십시오.

예수 이름으로 모든 일을 하십시오. "또 무엇을 하든지 말에나 일에나 다 주 예수의 이름으로 하고 그를 힘입어 하나님 아버지께 감사하라."(골 3:17)

항상 성령 안에서 기도하라

기도에는 여러 종류가 있습니다.

바울은 "여러 종류의 기도를 다 하라"고 권했습니다.

"모든 기도와 간구를 하되 항상 성령 안에서 기도하고 이를 위하여 깨어 구하기를 항상 힘쓰며 여러 성도를 위하여 구하라."(엡 6:18) 어떻게 기도해야 할까요?

첫째, 모든 기도와 간구를 해야 합니다.

나는 모든 기도와 간구를 합니다. 기도는 한 가지만 있는 것이 아닙니다. 무시기도, 정시기도, 침묵기도, 부르짖는 기도, 금식기도, 철야기도, 새벽기도, 종일기도, 명령기도, 탄원기도, 도고기도 등 종류가 많습니다. 우리는 모든 기도를 해야 하며, 기도의 전문가가 되어야 합니다.

둘째, 항상 성령 안에서 기도해야 합니다.

성령 안에서 기도한다는 말은 영으로 기도하는 것 곧 '방언 기도'를 말합니다. 바울은 "내가 만일 방언으로 기도하면 내 영이 하나님께 비밀을 말하는 것이다"라고 했습니다. 알아듣는 말로 사람들에게 유창하게 말하는 것도 귀하지만 영으로 하나님께 기도하는 것은 더욱 귀합니다.

내 영이 하나님께 은밀하게 계속 기도하는 것이 곧 방언 기도입니다. 마음의 기도와 몸의 기도도 중요하지만 영의 기도는 더욱 중요합니다. 우리는 바울처럼 영의 기도를 많이 해야 합니다. 방언에 대해 견해가 다양하지만 방언은 한 마디로 '성령님의 나타나심' 중에 하나입니다. 당신이 방언으로 기도할 때 성령님의 나타나심 안에서 기도하는 것이며 이것이 곧 '성령 안에서 기도하는 것'입니다.

우리는 항상 성령 안에서 기도해야 합니다.

40년간 세계를 다니며 치유와 구령 사역을 하며 죽을 때까지 능력을 잃지 않았던 한 목사님은 매일 3시간에서

10시간씩 기도했는데 방언에 대해 이런 말을 했습니다.

"내가 방언을 하지 못했다면 내 사역의 절반이 깎여 나갔을 것이며, 내 기도의 절반도 깎여 나갔을 것이다. 방언으로 기도하지 않으면 오래 기도할 수 없다. 나는 내 기도의 80퍼센트를 방언으로 기도한다. 그리고 나는 조용히 방언을 말하면서 눈을 뜨고 성경을 읽는다. 그럴 때 깨달음이 풍성해지고 내 마음에 기름 부으심이 넘친다."

당신도 방언 기도를 많이 하기 바랍니다.

"나도 다른 사람처럼 유창한 방언, 아름다운 방언, 멋진 방언을 받아서 말하고 싶어요. 내 방언은 너무 단순해요"라고 말하는 사람이 있는데 바울은 다른 사람이 보기에 '유창한 방언'이 아닌 '방언의 양'을 말했고 "내가 너희 모든 사람보다 방언을 더 말하므로 하나님께 감사하노라"(고전 14:18)고 했습니다. 방언을 통해 사람의 영광을 구하지 말고 오직 하나님의 영광을 구하십시오. "방언을 말하는 자는 사람에게 하지 아니하고 하나님께 하나니, 이는 알아듣는 자가 없고 영으로 비밀을 말함이라."(고전 14:2)

셋째, 이를 위하여 깨어 구하기를 항상 힘써야 합니다.

기도하지 않는 것은 영적인 잠을 자는 것입니다. 영적인 세계에서는 잠잔다는 것은 죽었다는 말과 동일합니다.

영적으로 죽어 시체가 된 사람이 군중 앞에 서서 사역

하면 어떻게 될까요? 썩은 냄새만 풍풍 풍길 뿐입니다.

기도하지 않으면 에스겔 골짜기의 마른 뼈다귀처럼 생기가 하나도 없습니다. 기도하지 않고 설교하고, 기도하지 않고 찬양 인도하고, 기도하지 않고 안수하면 생기가 없고 썩는 냄새만 진동하게 됩니다. 집회 장소에 악한 영들이 활개 치며 모든 순서는 인간적인 공연으로 끝납니다.

여기서 내가 말하는 기도는 10분, 20분 기도하는 것을 말하는 것이 아닙니다. 예수님과 사도들처럼 오래 기도하는 것을 말합니다. 모든 사역자들은 하루에 3시간에서 10시간씩 기도해야 합니다. 나는 사역자들에게 말합니다.

"2시간 기도하는 것을 4시간으로 늘려라. 기도를 많이 하고 사역해야 성령님의 임재하심과 기름 부으심이 넘치게 된다. 기도하지 않고 사역하는 것은 생기가 없다. 바울과 실라가 감옥에서 기도하고 하나님을 찬송했다. 그러자 하나님의 영광이 그 곳에 임했고 옥문이 터지고 모든 사람의 매인 것이 풀렸고 영혼 구원의 역사가 일어났다."

당신도 오래 기도하고 사역하기 바랍니다.

그러면 모든 일에 생기가 넘칠 것입니다.

성령님의 기름 부으심을 막는 장애물

당신의 사역에는 장애물이 없습니까?

나는 내 사역에 어떤 장애물이 있는지 보여 달라고 성령님께 묻습니다. 그러면 주님께서 말씀하십니다.

'그것이 장애물이다. 그걸 없애고 이렇게 하면 된다.'

하나님의 나라가 권능으로 임하는 것을 막는 장애물이 있는데 그것이 무엇인지 아십니까? 세 가지입니다.

첫째, 잘난 체하는 것입니다.

둘째, 서로 노엽게 하는 것입니다.

셋째, 질투하는 것입니다.

바울은 이 세 가지를 하지 말라고 했습니다. "잘난 체하거나 서로 노엽게 하거나 질투하지 마라."(갈 5:26)

바울은 갈라디아서 5장에 육체의 일을 15가지로 언급하면서 이런 일을 하는 사람은 하나님의 나라를 유업으로 받지 못한다고 경고했습니다. 여기서 말하는 하나님의 나라는 죽어서가 아닌 이 땅에서 유업으로 받는 것입니다.

하나님의 나라가 권능으로 임하는데 그것을 유업으로 받지 못한다는 말입니다. 하나님의 나라가 권능으로 임하는 것이 예수님으로부터 사도들, 그리고 지금 우리에게까지 이어져 왔는데 그것이 기도 중에 막히는 것입니다.

육체의 일 15가지가 무엇입니까?

"육체의 일은 분명하니 곧 음행과 더러운 것과 호색과 우상 숭배와 주술과 원수 맺는 것과 분쟁과 시기와 분냄과 당 짓는 것과 분열함과 이단과 투기와 술 취함과 방탕함과 또 그와 같은 것들이라. 전에 너희에게 경계한 것 같이 경계하노니 이런 일을 하는 자들은 하나님의 나라를 유업으로 받지 못할 것이요."(갈 5:19~21)

그리고 하나님의 나라가 권능으로 임하게 하는 마음의 생각인 '성령의 열매 9가지'에 대해 말했습니다.

"오직 성령의 열매는 사랑과 희락과 화평과 오래 참음과 자비와 양선과 충성과 온유와 절제니 이같은 것을 금지할 법이 없느니라. 그리스도 예수의 사람들은 육체와 함께 그 정욕과 탐심을 십자가에 못 박았느니라. 만일 우리가 성령으로 살면 또한 성령으로 행할지니."(갈 5:22~25)

우리는 육체의 정욕과 탐심을 십자가에 못 박았습니다.

여기서 말하는 육체의 정욕과 탐심이 무엇일까요? 헛된 영광을 구하므로 서로 노엽게 하거나 투기하는 것입니다.

사람들이 다투는 이유는 한 가지입니다. 무엇일까요?

"누가 더 위대한 인물이냐?"라는 것 때문입니다.

주의 종이 되라

당신은 어떤 큰 인물을 존경합니까?

당신 주위에 있는 비단 옷, 화려한 옷을 입고 많은 돈을 가진 사람이 큰 인물이 아닙니다. 누가 큰 인물일까요?

예수님은 세례 요한이 그렇다고 말씀하셨습니다. "너희는 무엇을 보러 광야에 나갔더냐? 바람에 흔들리는 갈대냐? 아니면 무엇을 보러 나갔더냐? 비단 옷을 입은 사람이냐? 화려한 옷을 입고 호사스럽게 사는 사람은 왕궁에 있다. 아니면 무엇을 보러 나갔더냐? 예언자를 보려고 나갔더냐? 그렇다. 내가 너희에게 말한다. 그는 예언자보다 더 위대한 인물이다. 그는 내 심부름꾼이다. 여자가 낳은 사람 가운데서 그보다 더 큰 인물이 없다."(눅 7:24~28)

예수님의 제자들은 누가 더 크냐 문제로 다퉜습니다.

하루는 세베대의 아들들의 어머니가 아들들과 함께 예수님께 다가와서 절하며 요청했습니다. "나의 이 두 아들을 당신의 나라에서 하나는 오른쪽에, 하나는 왼쪽에 앉게 해주세요." 열 제자가 이 말을 듣고 그 두 형제에게 분개하였습니다.(마 20:20~24) 지금도 그렇습니다. 예수님은 초청 받은 사람들이 윗자리를 골라잡는 것을 보고 말씀하셨습니다. "초대를 받거든 높은 자리에 앉지 마라. 가서 맨 끝자리에 앉아라. 누구든지 자기를 높이면 낮아질 것이요 자기를 낮추면 높아질 것이다."(눅 14:8~11)

자신의 얼굴과 발을 가리라

당신은 얼굴과 발을 드러내려고 애쓰지 않습니까?

어떤 곳이든 사람들이 모이면 다들 자기 얼굴과 발을 드러내려고 애씁니다. 세례 요한은 그러지 않았습니다. 그는 자신에 대해 "나는 광야에서 외치는 자의 소리다. 나는 예수님의 신발 끈 풀기도 감당치 못한다"고 말했습니다.

그는 스랍처럼 두 날개로 자신의 얼굴을 가리고 두 날개로 자신의 발을 가렸습니다. 얼굴은 자신의 존재감을 말하며 발은 자신의 봉사와 헌신을 말합니다. 그런 것을 드러내고 높이는 것은 아버지의 영광을 구하는 것이 아니라 사람의 영광을 구하는 것입니다. 그러면 그리스도 안에서 두 날개로 하늘을 날며 권능 있는 사역을 할 수 없습니다.

이것은 자기 홍보를 하는 것과는 다릅니다. 한 사람이 내게 "김열방 목사님, 책을 출간할 때 작가 프로필과 사진을 다 빼야 합니다"라고 말했습니다. 내가 말했습니다.

"그러면 어떻게 독자들이 작가를 알고 책을 사겠습니까? 선물로 주는 책과 서점에서 파는 책은 다릅니다. 판매하는 책은 작가의 프로필과 사진이 담겨 있어야 합니다."

예수님도 "내가 길이요 진리요 생명이다. 나로 말미암지 않고는 아버지께로 올 자가 없다"라고 자기를 홍보하셨습니다. 그런 예수님이 자신의 영광을 구하지 않고 오직 아버지의 영광만 구했다고 하셨습니다.

우리도 예수님처럼 하나님 앞에서 사역할 때 사람의 영광을 구하지 말고 아버지의 영광을 구해야 합니다. 그리스도 예수의 사람들은 육체와 함께 그 정욕과 탐심을 십자가에 못 박았습니다. 그리고 날마다 못 박아야 합니다.

예수님은 자기를 따르는 제자들에게 "날마다 자기 십자가를 지고 자기를 부인하고 나를 좇아야 한다. 자기 목숨을 미워해야 한다"고 말씀하셨습니다. 바울은 "나는 날마다 죽노라"고 했습니다. 당신도 날마다 자신을 성령님께 양도하고 성령님의 인도하심을 따라 살기 바랍니다.

바울은 성령으로 행하라고 가르쳤습니다. "만일 우리가 성령으로 살면 또한 성령으로 행할지니라."(갈 5:25)

바울은 갈라디아 교인들에게 말한 육체의 일 15가지를 세 가지로 정리했습니다. "헛된 영광을 구하여, 서로 노엽게 하거나, 서로 투기하지 말지니라."(갈 5:26)

우리는 이 세 가지 육체의 일을 할 때 하나님의 나라가 권능으로 임하는 것을 방해한다는 사실을 기억해야 합니다. 이 세 가지는 모두 교만과 관계있습니다. "하나님은 교만한 자를 대적하시고 겸손한 자에게 은혜를 주신다"고 했습니다. 그러므로 교만은 반드시 물리쳐야 합니다.

이러한 것은 우리의 힘으로는 고칠 수 없는 나쁜 태도와 자세입니다. 어떻게 하면 이 문제를 쉽게 해결할 수 있을까요? 성령님께 도움을 구하면 됩니다.

어떻게 도움을 구해야 할까요? 다음의 세 가지에 대해 구체적으로 도움을 구해야 합니다.

성령님께 구체적인 도움을 구하라

첫째, 잘난 체하지 않게 해 달라고 도움을 구하십시오.

당신은 이런 말을 하며 잘난 체하지 않습니까?

"내가 누군데, 나는 내 주위에 있는 모든 사람보다 뛰어난 사람이야. 나는 어릴 때부터 공부도 잘하고 책임감도 강해. 외모도 이 정도면 괜찮고 집안 배경도 좋아. 그런데 왜 하나님이 나를 몰라보시는 거지? 왜 내게는 성령의 권능이 안 나타나는 거지. 하나님이 나를 차별하시나?"

하나님은 그렇게 말하는 사람에게 역사하지 않으십니다. 사울 왕처럼 교만을 떠는 것입니다. 사울이 처음부터 교만했던 것은 아닙니다. "그는 준수한 소년이었고 이스라엘 자손 중에 그보다 더 준수한 자가 없고 키는 모든 백성보다 어깨 위만큼 더 컸다"(삼상 9:2)고 했습니다.

그런 사울이 처음에는 겸손했습니다.

"나는 이스라엘 지파의 가장 작은 지파 베냐민 사람이 아닙니까? 또 나의 가족은 베냐민 지파 모든 가족 중에 가장 미약하지 않습니까?"(삼상 9:21)

사울이 나중에 교만해져서 자기 힘으로 모든 일을 하겠다며 나섰습니다. 사무엘 선지자가 사울에게 말했습니다.

"왕이 스스로 작게 여길 그 때에 여호와께서 왕에게 기름을 부어 이스라엘 왕을 삼으셨는데 이제는 왕이 여호와의 말씀을 버렸으므로 여호와께서 왕을 버려 이스라엘 왕이 되지 못하게 하셨습니다."(삼상 15:17, 26)

하나님은 어떤 면에서든 잘난 체하는 사람을 싫어하십니다. 우리는 그동안 하나님께 많은 것을 받았습니다. 하지만 우리가 잘나서 받은 것은 실오라기 하나 없습니다.

모든 것은 예수 그리스도의 십자가 속량의 은혜에 근거한 하나님의 선물이었고 예수 이름으로 기도한데 대한 응답입니다. 그러므로 잘난 체하며 자랑하지 말아야 합니다.

우리는 매일 성령님께 도움을 구해야 합니다.

"성령님, 돈, 가족, 집, 차, 그리고 어떤 성공도 자랑하지 않게 해주세요. 오직 예수님만 자랑하게 해주세요."

사람들을 만나기만 하면 돈 자랑, 가족 자랑, 집 자랑, 차 자랑, 성공 자랑하는 사람이 있습니다. 그러면서 '나는 너보다 잘났어'라고 생각합니다. 그런 잘난 체하는 악한 생각과 태도를 다 버리고 회개해야 합니다. 혹시 그런 마음이 조금이라도 있다면 성령님께 도움을 구하십시오.

"성령님, 잘난 체하지 않게 해주세요."

둘째, 서로 노엽게 하지 않게 해 달라고 도움을 구하십시오. 당신은 사람들을 노엽게 하지 않습니까? 왜 그들이 노여워할까요? 깔보기 때문입니다. "지렁이도 밟으면 꿈

틀거린다"는 말이 있습니다. 어떤 사람도 자기를 밟으면 가만있지 않습니다. 당신이 다른 사람을 자꾸 노엽게 하는 것은 "네까짓 게 뭔데?"라는 말과 태도 때문입니다.

교회 안에서도 이런 자세를 보이는 사람이 있습니다.

그런 사람에게 하나님의 영광이 나타나지 않습니다. 하나님의 영광 곧 하나님의 나라가 권능으로 임하는 것은 자신을 낮추고 겸손하게 행할 때만 가능합니다. 그러므로 우리는 돈, 명예, 권세, 학벌, 건물, 땅, 얼굴 등 외모로 사람을 판단하며 차별하지 않도록 항상 조심해야 합니다.

나는 어린 아이들과 노숙자들을 대할 때도 그들을 존중합니다. 낮은 자를 만나면 더욱 나 자신을 낮춥니다. 그리고 높은 자를 만나면 기름 부으심을 받은 주의 종으로서 그들 앞에서 당당하게 행동합니다. 어떤 경우에서든 모든 사람을 존중하려고 애씁니다. 예수님도 그랬습니다.

사람들이 어린 아이들을 예수님께 데리고 와서 안수해 주기를 바랐을 때 제자들이 그들을 꾸짖었습니다. 그러자 예수님은 오히려 노하며 제자들에게 말씀하셨습니다.

"어린 아이들이 내게 오는 것을 허락하고 막지 마라. 하나님 나라는 이런 사람들의 것이다." 그리고 어린아이들을 껴안으시고 그들에게 손을 얹어 축복해 주셨습니다.

성령님이 보실 때 "네까짓 게 뭔데"라고 말할 수 있는 사람은 한 명도 없습니다. 성경은 "네 자녀를 노엽게 하지 마라"고 했습니다. 자녀도 인격적으로 존중하십시오.

하나님은 어린 아이와 젖먹이의 입으로 말미암아 권능을 세우시는 분입니다. 모든 사람을 존중하며 그들을 노엽게 하지 말아야 합니다. 그럴 때 성령이 임합니다.

셋째, 질투하지 않게 해 달라고 도움을 구하십시오.

당신은 질투하는 사람이 없습니까? 나도 예전에는 나보다 잘나가는 사람을 보면 질투가 일어났습니다. '아, 부러워. 정말 좋겠네.' 나는 성령님께 도움을 구했습니다.

"성령님, 질투하지 않게 해주세요."

성령님만이 인간의 마음속에서 일어나는 질투를 없애주실 수 있는 분입니다. 질투하면 미워하게 되고 분노하게 되고 살인하게 됩니다. 가인이 아벨과 그의 제사를 질투했고 그로 인해 아벨을 돌로 쳐 죽이게 되었습니다.

요셉의 형들은 요셉의 채색 옷을 보고 질투했고 그로 인해 요셉을 물 없는 구덩이에 던졌으며 지나가는 상인들에게 은 20냥에 팔았습니다. 아론과 미리암은 모세를 질투했고 그로 인해 진노를 받아 문둥병에 걸렸습니다. 사울왕은 다윗이 백성들에게 칭송받는 것을 보며 질투했고 그로 인해 악신이 들려 다윗에게 창을 집어던졌습니다.

질투하는 자에게는 성령이 떠나가고 악령이 임합니다.

이것은 구원의 문제를 말하는 것이 아닙니다. 사역의 문제입니다. 사울은 '왕의 자리'에서 버림받았습니다.

사탄은 질투의 영입니다. 그는 하나님이 천국 보좌에 앉아 모든 천사들로부터 찬송과 영광을 받으시는 것을 보고 질투했고 마음에 반역을 품었습니다. 하나님이 그를 쫓아내셨습니다. 그를 추종하므로 함께 쫓겨난 천사 3분의 1도 모두 질투를 통해 사람들이 죄를 짓게 만듭니다. 질투를 통해 주의 종들의 사역을 망치고 사람들의 영혼을 지옥으로 끌고 갑니다. 질투심을 다스려야 합니다.

악한 영들은 사람들에게 '저놈이 성공하는 꼴을 못 보겠네. 저건 내가 받아야 하는 영광인데'라는 마음을 일으킵니다. 그러면 미움과 분노가 생기고 그 순간 마음으로부터 형제를 살인하고자 하는 생각이 불 같이 일어납니다.

하나님은 "모든 사람을 축복하고 저주하지 마라"고 하셨습니다. 다른 사람을 저주하면 그 저주의 말이 자신의 생각과 입을 통해 나가기 때문에 자신에게 먼저 저주가 임합니다. 당신은 어떻습니까? 누구를 질투합니까?

마귀는 질투의 영입니다. 마귀를 대적하십시오.

마귀는 하나님이 받아야 할 모든 예배를 질투하며 자기가 받고자 사람들로 하여금 우상을 만들어 제사지내게 합니다. 그래서 사람들이 조상 제사나 다른 우상에게 제사지낼 때 그걸 받아먹겠다고 똥파리 같은 귀신들이 바글거리며 그 주변을 맴돕니다. 제사를 지내지 마십시오.

우리 모두는 오직 하나님께만 경배해야 합니다.

비교 경쟁하므로 교만하여 쫓겨난 마귀와 달리 스랍들은 비교 경쟁하지 않고 겸손히 엎드려 절했습니다. 그들은 하나님이 영광 받으시는 것을 질투하지 않았습니다. 왜일까요? 자기 날개로 자기 얼굴과 발을 가렸기 때문입니다.

"스랍들이 모시고 섰는데 각기 여섯 날개가 있어 그 둘로는 자기의 얼굴을 가리었고 그 둘로는 자기의 발을 가리었고 그 둘로는 날며 서로 불러 이르되 거룩하다 거룩하다 거룩하다 만군의 여호와여 그의 영광이 온 땅에 충만하도다 하더라. 이같이 화답하는 자의 소리로 말미암아 문지방의 터가 요동하며 성전에 연기가 충만한지라."(사 6:2~4)

이 땅에서 사역하는 주의 종인 당신에게도 하나님이 주신 여섯 날개가 있을 것입니다. 그 둘로는 당신의 얼굴을 가리고 그 둘로는 당신의 발을 가리십시오. 그 둘로는 날며 오직 주님을 찬송하십시오. "거룩하다 거룩하다 거룩하다 만군의 여호와여, 그의 영광이 온 땅에 충만하도다."

당신을 비롯한 사람의 영광이 온 땅에 충만한 것이 아닙니다. 하나님의 영광이 온 땅에 충만합니다. 사람의 영광을 구하지 말고 아버지의 영광을 구하십시오.

주님이 가르치신 기도를 기억하십시오.

"나라와 권세와 영광이 아버지께 영원히 있습니다."

내 이름과 내 나라를 구하지 말고 아버지의 이름과 아버지의 나라를 구하십시오. 예수님이 그렇게 사셨습니다.

"나는 보내신 이의 영광을 구한다."(요 7:18)

"나는 내 영광을 구하지 않는다."(요 8:50)

"나는 내게 영광을 돌리지 않는다."(요 8:54)

당신도 오직 하나님의 영광만 구하고 그분께만 영광을 돌리기 바랍니다. 헤롯왕은 그렇지 않고 백성들 앞에서 자기의 영광을 구하다 즉시 벌레에게 먹혀 죽었습니다.

"헤롯이 영광을 하나님께로 돌리지 아니하므로 주의 사자가 곧 치니 벌레에게 먹혀 죽으니라."(행 12:23)

사람들이 당신을 보고 대단하다며 떠받들고 칭찬할 때 조심하십시오. 그런 말과 박수를 즐기다가 한방에 모든 것이 날아갈 수 있습니다. 그리고 당신의 말이나 사람들의 말이 아닌 오직 하나님의 말씀이 흥왕하게 하십시오.

"하나님의 말씀은 흥왕하여 더하더라."(행 12:24)

하나님과 다른 사람을 질투하지 마십시오. 질투는 오직 하나님만 하실 수 있습니다. 그분은 '질투하는 하나님'이십니다. 그분은 그분의 신부인 우리가 다른 것을 더 사랑할 때 질투하십니다. 그분이 마음을 다하고 목숨을 다하고 힘을 다하고 뜻을 다해 우리를 사랑하셨기 때문에 우리도 그분을 그렇게 사랑하기 원하십니다.

하나님 앞에서 서로 겸손하고 특히 주의 종들과 어린 아이들 앞에서 겸손하십시오. 그러면 하나님의 나라가 권능으로 임할 것입니다. 당신에게 은혜가 있기 바랍니다.

"젊은 자들아, 이와 같이 장로들에게 순종하고 다 서로 겸손으로 허리를 동이라. 하나님은 교만한 자를 대적하시되 겸손한 자들에게는 은혜를 주시느니라."(벧전 5:5)

자신의 머리와 몸에 매일 안수하라

당신은 자신의 머리와 몸에 안수합니까?

나는 20세에 성령을 체험하고 난 다음부터 어디를 가든지 담대하게 안수했습니다. 그런 중에 내가 가장 안수를 많이 한 사람은 누굴까요? 바로 나 자신입니다.

자기 머리에 매일 안수하라

나는 새벽마다 기도회가 끝나면 혼자 몇 시간 더 기도

한 다음 내 머리에 손을 얹고 이렇게 명령을 내렸습니다.

"예수 그리스도의 이름으로 명하노니 내 머리 속에 있는 150억 개 이상의 뇌세포는 최대한의 기능을 발휘하며 가동될지어다. 기억력과 집중력과 이해력과 창의력과 몰입력은 수천수만 배로 증가될지어다. 내 몸에 있는 모든 질병은 사라질지어다. 필요한 재정은 채워질지어다."

그렇게 매일 명령한 대로 내 인생은 바뀌었습니다.

예수님은 "믿는 자들에게는 이런 표적이 따른다. 내 이름으로 병든 사람에게 손을 얹으면 낫는다"고 하셨습니다.

그 당시 나는 특별하게 큰 병이 든 것이 아니었지만 매일 명령을 내렸습니다. 나는 다른 사람보다 머리가 나빠서 성적이 바닥이었기 때문에 내 머리에 손을 얹고 명령했고 그 결과 내 머리에 하나님의 지혜가 임하고 모든 기능이 폭발적으로 가동되는 엄청난 변화를 경험했습니다. 또한 내 코가 너무 들창코여서 보기 싫었는데 믿음으로 내 코에 손가락을 대고 "예수 이름으로 명하노니 내 코는 오똑 솟아나라"고 명령했는데 그대로 되었습니다.

당신도 믿음으로 명령하고 의심하지 마십시오. 그러면 기적이 일어납니다. 이 말을 듣고 한 사람이 물었습니다.

"한 번만 명령하면 되나요? 몇 번을 명령해야 하나요?"

지금 돌이켜보니 나는 매일 명령했습니다.

내 머리와 코에 어떤 변화가 있든 없든 상관없이 나는 믿음으로 매일 명령했습니다. 성경은 "오직 믿음으로 구하고 조금도 의심하지 말라"(약 1:6)고 했습니다. 많은 사람들이 한두 번 명령해 보고 안 되면 금방 포기합니다.

나는 시간과 공간을 초월해 성령 안에서 내가 예수 이름으로 명령한 대로 다 되었다고 믿고 조금도 의심하지 않았습니다. 내 머리에 큰 변화가 왔다는 것을 알게 된 것은 그렇게 명령한 지 10년이 지난 29세 때였습니다.

나는 한 달 만에 〈성령님과 친밀하게 교제하는 법〉을 써냈고 또 다시 저술하여 〈김열방의 두뇌개발비법〉이란 책을 써냈는데 천재적인 기름 부으심의 결과였습니다. 하나님이 내게 엄청난 지혜를 부어 주셨던 것입니다.

내 코에 큰 변화가 왔다는 것을 알게 된 것은 아내의 말을 듣고부터입니다. 26세에 결혼하고 산책하는 중에 아내가 나를 보며 말했습니다. "당신은 들창코가 아니에요. 코가 오뚝 솟았고 잘 생겼어요." 나는 현상이나 증상을 믿지 않고 기록된 말씀을 믿었는데 정말 그렇게 된 것입니다.

예수님이 말씀하셨습니다. "내가 진실로 너희에게 이르노니 만일 너희가 믿음이 있고 의심하지 아니하면 이 무화과나무에게 된 이런 일만 할 뿐 아니라 이 산더러 들려 바다에 던져지라 하여도 될 것이요 너희가 기도할 때에 무엇

이든지 믿고 구하는 것은 다 받으리라."(마 21:21~22)

당신도 다 받게 될 것입니다.

고향 사람들에게도 안수하라

당신은 고향 사람들에게 안수한 적이 있습니까?

내가 20대에 안수한 사람은 대부분 고향 사람들이었습니다. 내가 담대하게 예수 이름으로 손을 대는 순간 즉시 응답이 왔고 교회 식구들, 주일학교 아이들, 중고등부 학생들, 청년들과 교사들, 집사님들이 성령을 체험하고 방언을 말하기 시작했습니다. 그들은 회개의 영에 사로잡혀 한참을 울며 기도했습니다. 한두 시간은 기본이었습니다.

그때 나는 사람들의 머리에 손을 얹지 않고 손등에 얹었는데 그러면 모두에게 즉시 성령이 임했고 생전 처음으로 아름다운 방언을 말하기 시작했습니다. 한 아이와 청년, 그리고 아줌마에게서 갑자기 악한 영이 정체를 드러내며 크게 소리 지르고 떠나갔고 즉시 치유되었습니다.

한 사람은 눈이 아프다고 힘들어 했는데 눈에 손가락을 살짝 대고 "예수 이름으로 나아라"고 명령하니 깨끗이 나았습니다. 또 한 사람은 얼굴에 혹이 크게 났는데 손가락을 살짝 대고 "예수 이름으로 사라지라"고 명령하니 혹이 사라졌습니다. 당신도 그렇게 명령하십시오.

내가 예수 이름으로 기도할 때 아버지와 어머니, 친척과 친구들, 그리고 시골에서 올라온 친할머니도 성령을 받고 생전 처음으로 방언을 말하기 시작했습니다. 할머니가 방언으로 기도하면서 이렇게 말씀하셨습니다. "얘야, 기도하는 것이 이렇게 쉬운 줄 몰랐다. 너무 좋다."

아버지와 어머니는 지금도 방언을 유창하게 말합니다.

아버지가 방언을 받고는 이런 말씀을 하셨습니다. "그동안 수십 년 예수를 믿어도 정말 하나님이 계신가 하는 생각이 가끔 들었는데 지금은 다르다. 내가 방언을 말하면 하나님이 살아 계신 것이 생생하게 느껴진다."

안수하지 않았다면 아무 일도 안 일어났을 것입니다.

모두 안수했기 때문에 일어난 일입니다.

안수하기 전에 말씀을 가르치라

당신은 안수하기 전에 어떤 일을 합니까?

나는 사람들에게 안수하기 전에 '믿음에 대해' 가르쳤습니다. "성경에 보면 기도할 때 하나님이 다 응답하셨고 즉시 기적이 일어났습니다. 사도행전 2장, 8장 10장, 19 장에는 성령이 임한 사건이 나옵니다. 우리도 기도하면 성령이 임하고 방언을 말하게 될 것입니다. 기도하면 병이 낫고 귀신도 떠나갑니다. 예수 이름에 능력이 있습니다."

예수님도 먼저 말씀으로 사역하셨습니다.

첫째, 예수님은 가르치셨고 안수하셨습니다.

"예수께서 거기를 떠나사 고향으로 가시니 제자들도 따르니라. 안식일이 되어 회당에서 가르치시니 많은 사람이 듣고 놀라 이르되 이 사람이 어디서 이런 것을 얻었느냐? 이 사람이 받은 지혜와 그 손으로 이루어지는 이런 권능이 어찌됨이냐?"(막 6:1~2)

예수님은 회당에서 무엇을 가르치셨습니까? 율법이나 철학이 아닙니다. 그분은 사람의 지혜가 아닌 하나님의 지혜로 이 땅에 임한 하늘나라를 가르치셨습니다. "하나님의 나라가 여기에 임하였다." 그러자 그분의 손을 통해 성령의 권능이 나타났고 많은 사람들이 치유되었습니다.

둘째, 예수님은 목수였지만 능력이 나타났습니다. "이 사람이 마리아의 아들 목수가 아니냐? 야고보와 요셉과 유다와 시몬의 형제가 아니냐? 그 누이들이 우리와 함께 여기 있지 아니하냐 하고 예수를 배척한지라."(막 6:3)

예수님은 하나님의 아들이었지만 기도를 많이 하셨고

또 고향 사람들에게 마리아의 아들 목수라 불렸지만 권능이 나타났습니다. 고향 사람들은 예수를 배척했습니다. 배척은 '따돌리거나 거부하여 밀어 내침'을 의미합니다.

나도 그런 일을 당했습니다. 성령을 사모하는 자들은 나와 함께 골방과 교회에 모여 10명, 20명씩 합심으로 기도했지만 그렇지 않은 사람들은 구경꾼이자 배척꾼이 되었습니다. "우리 교회에서 무슨 일이 일어나고 있는 것 같은데, 도대체 이게 뭔 일이야? 다들 성령을 받고 방언을 말하고 밤낮 모여 울면서 큰 소리로 기도하네."

한 사람은 내게 노골적으로 말했습니다.

"꼭 그렇게 방언으로 오래 기도해야 하나? 방언은 아홉 가지 은사 중에 맨 끝에 있는 최하의 은사인데."

나는 웃으며 대답했습니다. "그렇지 않다. 오순절 역사적인 성령이 임하는 사건에 하나님은 방언을 주셨다. 이방인 고넬료에게 성령이 임할 때도 방언을 주셨다. 바울은 다른 모든 사람보다 방언을 더 많이 말하므로 하나님께 감사한다고 했다. 예수님도 믿는 자들에게 따르는 표적으로 방언을 말씀하셨다. 방언은 100퍼센트 영의 기도다. 축복 기도다. 감사기도다. 찬미기도다. 정말 귀한 은사다."

셋째, 예수님은 아무 권능을 행할 수 없을 때조차 안수는 하셨습니다. 그만큼 안수는 강한 능력이 있습니다.

"예수께서 그들에게 이르시되 선지자가 자기 고향과 자기 친척과 자기 집 외에서는 존경을 받지 못함이 없느니라 하시며 거기서는 아무 권능도 행하실 수 없어 다만 소수의 병자에게 안수하여 고치실뿐이었고."(막 6:4~5)

성경은 예수님이 "기분 나빠서 아무 권능도 행하지 않았다"고 하지 않고 "아무 권능도 행하실 수 없었다"고 기록합니다. 왜 일까요? 그들이 믿지 않았고 배척했기 때문입니다. 그런 중에서도 한 가지는 하셨는데 그것이 곧 안수였습니다. 나도 집회에 강사로 가면 냉랭한 분위기를 느낄 때가 있습니다. 그런 중에 사람들을 앞으로 불러내 안수하면 성령님의 강한 나타나심이 있고 다들 기름 부으심에 사로 잡혀 방언을 말하고 크게 울며 회개했습니다.

넷째, 예수님은 두루 다니시며 가르치셨습니다.

"그들이 믿지 않음을 이상히 여기셨더라. 이에 모든 촌에 두루 다니시며 가르치시더라."(막 6:6)

어디를 가든 믿지 않는 사람들이 있습니다. 그런 사람을 설득하거나 그들의 눈치를 본다고 세월 보내지 말고 다른 마을로 가야 합니다. 예수님이 그렇게 사역하셨고 성령의 불도 그렇게 움직이며 권능과 부흥을 나타내십니다.

우리는 성령을 배척하지 말고 존중해야 합니다. 예수님을 갈보리 언덕 십자가에 못 박은 것처럼 성령님을 강대상

벽의 십자가에 못 박지 말아야 합니다. 성령님께 대해 활짝 열린 마음을 가지고 이렇게 기도해야 합니다. "주의 성령이여, 이곳에 임하셔서 마음대로 역사하여 주소서."

마음대로 역사해 달라는 것은 그분께 주권을 내어 드리는 것을 말합니다. 내 기준, 내 그릇, 내 생각, 내 경험을 초월하여 마음대로 역사해 달라는 것입니다. 나는 이 문제 때문에 마음을 찢으며 회개한 적이 있습니다. 내 기준으로 성령의 역사를 제한한 적이 있었던 것입니다.

내가 안수하자 갑자기 성령의 바람이 휙 불어 한 사람이 쓰러지고 너무 좋다며 웃기 시작했습니다. 옆에 있는 사람에게 안수하니 그도 쓰러지고 바닥에 누워 큰 소리로 예언을 말하기 시작했습니다. 나는 당황했습니다.

'어, 이게 뭐지? 이건 내가 원한 게 아닌데?'

나는 내가 원하는 대로 고상하게 성령님이 역사해 주길 원했고 그와 다르거나 더 크게 나타나면 성령님을 제한하려고 했던 것입니다. 나는 순간 생각했습니다.

'주님, 이건 아닙니다. 멈춰 주세요.'

그것은 교만이었고 영으로 오신 예수님을 배척하는 아주 잘못된 태도였던 것입니다. 나는 예수님 시대의 고향 사람들보다 나은 것이 하나도 없었습니다. 내 눈에 들보가 있었고 눈에 티를 가진 그들보다 더 악한 자임을 회개하며 기도했습니다. "주의 성령이여, 오늘 회중 위에 운행하시고 마음대로 역사해 주세요. 회중을 양도합니다."

당신도 예수의 영을 제한하지 말기 바랍니다.

다섯째, 예수님은 제자들에게 권능을 주셨습니다.

"열두 제자를 부르사 둘씩 둘씩 보내시며 더러운 귀신을 제어하는 권능을 주시고."(막 6:7)

어떻게 권능을 줄 수 있었을까요? 그 방법에 대한 구체적인 기록은 없지만 안수를 통해서였을 것입니다. 모세가 그랬습니다. "모세가 눈의 아들 여호수아에게 안수하였으므로 그에게 지혜의 영이 충만하니라."(신 34:9)

바울도 사람들을 직접 만나서 신령한 은사를 주겠다고 했습니다. "내가 너희 보기를 간절히 원하는 것은 어떤 신령한 은사를 너희에게 나누어 주어 너희를 견고하게 하려 함이니."(롬 1:11) 어떻게 줍니까? 안수함으로입니다.

바울은 디모데에게도 안수해 주겠다고 했습니다. "내가 나의 안수함으로 네 속에 있는 하나님의 은사를 다시 불일 듯 하게 하려고 한다."(딤후 1:6). 안수는 없는 은사를 나누어 주고, 있는 은사에 불을 붙이는 기능을 합니다. 그러므로 우리 모두는 안수하고 또 안수 받아야 합니다.

여섯째, 예수님은 단기전도 여행의 지침을 명하셨습니다. "명하시되 여행을 위하여 지팡이 외에는 양식이나 배낭이나 전대의 돈이나 아무 것도 가지지 말며 신만 신고 두 벌 옷도 입지 말라 하시고 또 이르시되 어디서든지 누구의 집에 들어가거든 그 곳을 떠나기까지 거기 유하라. 어느 곳에서든지 너희를 영접하지 아니하고 너희 말을 듣지도 아니하거든 거기서 나갈 때에 발 아래 먼지를 떨어버려 그들에게 증거를 삼으라 하시니."(막 6:8~11)

이처럼 단기전도 여행에서는 간편한 차림으로 다니며 그들의 대접을 받으라고 하셨지만 평생 이것 하나만 붙들고 있으면 안 됩니다. 본격적인 전도의 때에는 전대와 칼을 가지라고 명하셨기 때문입니다. "이제는 전대 없는 자는 가질 것이요 배낭도 그리하고 검 없는 자는 겉옷을 팔아 살지어다."(눅 22:36) 당신도 큰 추수를 위해 이제는 전대를 가지고 배낭과 검도 가져야 합니다.

일곱째, 제자들이 말씀과 축사와 치유 사역을 할 때 예수의 이름이 드러났습니다. "제자들이 나가서 회개하라 전파하고 많은 귀신을 쫓아내며 많은 병자에게 기름을 발라 고치더라. 이에 예수의 이름이 드러난지라."(막 6:12~14)

당신은 말씀과 축사와 치유 사역, 이 세 가지를 모두 하고 있습니까? 말씀 사역만 하고 있지는 않습니까? 제자들의 사역에서 예수 이름이 드러난 것은 말씀을 통해서만이 아닙니다. 축사와 치유 사역이 동반되었기 때문입니다.

"제자들이 많은 귀신을 쫓아내며 많은 병자를 고쳤다"고 했습니다. 우리도 그래야 합니다. 오늘날 많은 교회들이 설교만 합니다. 성도들은 공연을 관람하는 것처럼 강단에서 혼자 열정적으로 설교하는 목사님의 얼굴만 쳐다보다가 설교가 끝나면 헌금하고 일어나 집으로 돌아갑니다.

오늘 들은 말씀이 뭐냐고 물으면 설교 제목도 기억하지 못하는 사람이 허다합니다. 나도 예전에 그랬습니다.

나는 더 이상 그러지 않으려고 목사님의 설교를 부지런히 받아 적었습니다. 그것도 요약만 적은 것이 아니라 한 마디도 놓치지 않겠다고 마음먹고 최대한 다 받아 적었습니다. 하지만 그것조차 나중에 다시 보는 일이 잘 없었습니다. 그래도 그렇게 받아 적지 않고 그냥 들으면 목사님이 설교에 곁들인 예화만 머리에 남고 정말 중요한 하나님의 말씀을 놓치기 때문에 나는 말씀 위주로 받아 적었습니다. 예화가 아닌 '주의 말씀'이 내 인생을 바꾸었습니다.

우리 모두는 한 걸음 더 나아가야 합니다. 모든 주의 종들은 설교가 끝난 후에 찬양하고 합심으로 기도하며 치유와 축사 사역까지 해야 합니다. 주일 예배는 60분~90분 정도로 짧기 때문에 여유가 없습니다. 그래서 주의 종들은 주일 전날인 토요일에 5시간~10시간 정도 미리 오랜 기도로 충분히 준비하며 기도 응답을 받아 놓아야 합니다.

한 목사님은 토요일마다 그렇게 오래 기도하면서 주일에 치유 받을 사람에 대한 응답을 받는다고 했습니다. 그리고 강단에 서서 설교한 후에 각자의 몸에 손을 얹으라고 한 다음에 마이크를 쥐고 귀신과 질병을 꾸짖는 명령을 하면 집단적으로 축사와 치유가 일어난다고 했습니다.

그런 기적이 일어난 후에는 "모든 영광 하나님께"라고 찬송합니다. 사람이 박수 받으며 영광을 취하는 것이 아니라 찬송을 통해 하나님께 영광을 돌리는 것입니다.

예배 시간에는 아멘을 하라

당신은 예배 중에 사람에게 박수치지 않습니까?

예배 중간에는 그렇게 박수를 치지 않는 것이 좋습니다. 박수는 사람에게 칭찬과 영광을 돌리는 것이기 때문에 예배 중에는 합당하지 않는 표현입니다. 예배는 오직 하나님께만 드려지는 것이 되어야 합니다. 예배가 끝난 후에 하나님께 영광의 박수를 치는 것은 괜찮습니다.

어느 날부터인가 성가대가 찬양한 후에도 다들 박수를 치기 시작했습니다. 예배 시간에 한 사람이 앞으로 나와 특별 찬송하는데 이때도 박수는 치지 말아야 합니다.

그러면 뭘 해야 할까요? 성경대로 "아멘" 하므로 하나님께 영광을 돌려야 합니다. "우리가 아멘 하여 하나님께 영광을 돌리게 되느니라."(고후 1:20)

예배 중에는 박수치지 말고 아멘 해야 합니다.

박수로 하나님께 영광 돌린다고요? 솔직히 말해 보십시오. 박수를 누구에게 칩니까? 찬양 잘했다고, 감동받았다고 사람에게 치는 것입니다. 예배 중에는 그러지 말아야 합니다. 예배가 아닌 공연 중에는 박수쳐도 괜찮습니다.

오늘날 교회 안에서 사람을 높이는 일이 많아졌습니다.

우리는 회개해야 합니다. 사역할 때 자신의 이름이 아닌 예수의 이름을 드러내야 합니다. 예수님은 3년간 이 땅에서 사역하시는 내내 자신의 영광을 구하지 않고 오직 아버지의 영광을 구하셨습니다. 우리도 그래야 합니다.

나는 날마다 두 손 들고 "나라와 권세와 영광이 아버지께 영원히 있사옵나이다"라고 기도합니다.

사람의 나라와 권세와 영광을 구하는 자는 사람의 종입니다. 아버지의 나라와 권세와 영광을 구하는 자는 아버지의 아들입니다. 나는 아침에 눈을 뜨면 내 앞에 계신 성령님께 도움을 구합니다. "성령님, 오늘도 사람의 영광을 구하지 않고 아버지의 영광만 구하게 해주세요."

당신도 성령님께 도움을 구하기 바랍니다.

490번이라도 찾아가서 안수 받으라

당신은 몇 번 안수하고 안수 받았습니까?

나는 그동안 나 자신과 다른 사람에게 수천 번 안수했습니다. 나 자신에게 안수했다는 말은 내가 직접 내 몸에 손을 얹고 예수 이름으로 명령하며 안수했다는 말입니다.

나는 20세 때부터 지금까지 기도 중에나 기도가 끝나면 습관을 따라 내 머리에 손을 얹고 이렇게 명령했습니다.

"예수 그리스도의 이름으로 명하노니 내 머리 속에 있는 150억 개 이상의 뇌세포는 최대한의 기능을 발휘하며 가동될지어다. 내 몸에서 모든 연약함과 질병은 사라져라.

내게 필요한 재정은 다 들어오라. 악한 영들은 떠나가라."

우리 각 사람의 몸에는 100조 개의 세포가 있습니다.

하나에 1원이라고 해도 내 몸의 가치는 100조 원이며 10원이라고 하면 천조 원이 됩니다. 사실 잠실에 있는 123층 롯데월드타워보다 내 몸이 더 가치 있고 귀합니다.

내 몸 안에 성령님이 들어와 계십니다. 구약의 성막이나 성전보다 내 몸은 훨씬 더 귀합니다. 예수님이 십자가에 못 박혀 죽으실 때 "다 이루었다"(요 19:30)고 외치셨고 헤롯 성전의 휘장이 위에서 아래로 쫙 찢겨졌습니다.

이 휘장의 크기는 솔로몬 성전보다 조금 더 컸는데 길이가 20규빗(9.12m)에 높이가 40규빗(18m)이었고 두께는 10cm가 넘었습니다. 이 휘장은 너무 두껍고 튼튼해서 힘센 황소가 양쪽에서 끌어당겨도 찢기지 않을 정도였습니다. 그런 견고한 휘장을 밑에서 위로 찢은 것이 아닌 위에서 아래로 찢어 두 쪽이 되게 하신 것입니다. "예수께서 큰 소리를 지르시고 숨지시니라. 이에 성소 휘장이 위로부터 아래까지 찢어져 둘이 되니라."(막 15:38)

이 지성소 휘장은 성소와 지성소를 나누는 벽이었고 오직 대제사장 한 명이 1년에 딱 한 번만 출입하는 문이었고 그 시간도 엄격히 제한했습니다. 그 안은 너무 거룩하여 아무나 감히 들여다보지도 못했습니다. 그 안에 계셨던 거룩하신 하나님이, 예수님이 십자가에서 몸이 찢기고 피 흘려 죽으심과 동시에 성소 휘장을 찢고 밖으로 걸어 나오셨습니다. 부활 승천하신 후에는 그리스도인의 몸을 성전 삼고 그 안에 들어오셨습니다. 지금은 당신의 몸이 성령님의 지성소가 되었습니다. 이 얼마나 존귀합니까?

성경은 말씀합니다. "그러므로 형제들아, 우리가 예수의 피를 힘입어 성소에 들어갈 담력을 얻었나니 그 길은 우리를 위하여 휘장 가운데로 열어 놓으신 새로운 살 길이요 휘장은 곧 그의 육체니라."(히 10:19~20)

하나님은 당신의 영혼만 구원하신 것이 아닙니다.

당신의 몸도 구원하셨고 이를 위해 값을 지불하셨습니다. 그러므로 당신의 몸을 존귀하게 여기고 잘 관리하므로 하나님께 영광을 돌려야 합니다. 바울은 말했습니다.

"너희 몸은 너희가 하나님께로부터 받은 바 너희 가운데 계신 성령의 전인 줄을 알지 못하느냐? 너희는 너희 자신의 것이 아니라. 값으로 산 것이 되었으니 그런즉 너희 몸으로 하나님께 영광을 돌리라."(고전 6:19~20)

당신의 몸이 음행을 하거나 귀신의 집이 되거나 온갖 질병으로 망가지면 하나님께 영광을 돌릴 수 없습니다.

"몸이 뭐 중요해? 영혼이 중요하지. 몸에는 아무거나 먹고 또 많이 먹어 비만에 걸려도 괜찮아. 술과 담배, 과식과

폭식, 조상 제사와 굿을 해도 죄가 아니야. 성경에 그런 게 죄라고 어디에 나와 있어?"라며 몸을 천박하게 대하며 몸이 병들고 망가지도록 방치하는 것은 하나님의 성전이 그렇게 되도록 방치하는 것과 같습니다. 어떤 교회에서는 술과 담배, 조상 제사를 허락하고 한풀이 굿도 합니다. 이 모두 영혼뿐만 아니라 몸에도 죄를 짓는 악한 짓입니다.

바울은 고린도 교인들에게 몸으로 죄를 짓지 말라고 강력하게 권면했습니다. 세 가지인데 무엇일까요?

첫째, 형제와 다투지 말고 용서해야 합니다.

"너희 중에 누가 다른 이와 더불어 다툼이 있는데 구태여 불의한 자들 앞에서 고발하고 성도 앞에서 하지 아니하느냐? 성도가 세상을 판단할 것을 너희가 알지 못하느냐? 세상도 너희에게 판단을 받겠거든 지극히 작은 일 판단하기를 감당하지 못하겠느냐? 우리가 천사를 판단할 것을 너희가 알지 못하느냐? 그러하거든 하물며 세상일이랴. 그런즉 너희가 세상 사건이 있을 때에 교회에서 경히 여김을 받는 자들을 세우느냐? 내가 너희를 부끄럽게 하려 하여 이 말을 하노니 너희 가운데 그 형제간의 일을 판단할 만한 지혜 있는 자가 이같이 하나도 없느냐? 형제가 형제와 더불어 고발할 뿐더러 믿지 아니하는 자들 앞에서 하느냐? 너희가 피차 고발함으로 너희 가운데 이미 뚜렷한 허물이 있나니 차라리 불의를 당하는 것이 낫지 아니하며 차라리 속는 것이 낫지 아니하냐? 너희는 불의를 행하고 속이는구나. 그는 너희 형제로다."(고전 6:1~8)

형제와 다투고 세상 법정에 고발하면 악한 영이 틈타게 됩니다. 그런 중에 마음이 자꾸 악해집니다. 왜 다툽니까?

형제를 판단하기 때문입니다. 바울은 "나도 나 자신을 판단하지 않는다. 나를 판단하실 이는 주시라"고 했습니다. 사람들은 "우리 교회 안에 큰 문제가 생겼어요. 이건 그냥 넘어갈 수 없고 반드시 재판해서 끝장내야 합니다"라고 말하며 서로 세상 재판에 큰돈을 들여 소송합니다.

그러나 바울은 "그 모든 것은 지극히 작은 일이다"라고 말합니다. "지극히 작은 일 판단하기를 감당하지 못하겠느냐? 형제가 형제와 더불어 고발하지 말라. 믿지 않는 자들 앞에서는 더더욱 하지 마라"고 했습니다. "차라리 불의를 당하는 것이 낫다"고 했습니다. 나는 정의로운 사람이어서 그런 불의를 절대로 보고 있을 수 없다고요?

그렇지 않습니다. 남의 눈에 있는 티보다 자신의 눈에 있는 들보를 살펴야 합니다. 우리 모두는 예수를 믿기 전에 다 죄인이었으며, 십자가에 달린 강도나 예수님 대신 풀려난 바라바보다 조금이라도 더 나은 사람이 아닙니다.

우리는 하나님께 일만 달란트를 탕감 받은 신하와 같습

니다. 그런데 일백 데나리온 빚진 자의 멱살을 잡고 있습니다. 놓으십시오. 하나님의 공의에 맡기십시오. 차라리 불의를 당하고 속는 것이 낫습니다. 그 사람은 당신의 형제입니다. 베드로는 예수님처럼 욕을 당해도 욕하지 말고 고난을 당해도 위협하지 말고 오직 공의로 심판하시는 이에게 부탁하라고 했습니다. "욕을 당하시되 맞대어 욕하지 아니하시고 고난을 당하시되 위협하지 아니하시고 오직 공의로 심판하시는 이에게 부탁하시며."(벧전 2:23)

둘째, 불의 곧 더러운 것에 미혹 받지 말아야 합니다.

"불의한 자가 하나님의 나라를 유업으로 받지 못할 줄을 알지 못하느냐 미혹을 받지 말라. 음행하는 자나 우상 숭배하는 자나 간음하는 자나 탐색하는 자나 남색하는 자나 도적이나 탐욕을 부리는 자나 술 취하는 자나 모욕하는 자나 속여 빼앗는 자들은 하나님의 나라를 유업으로 받지 못하리라. 너희 중에 이와 같은 자들이 있더니 주 예수 그리스도의 이름과 우리 하나님의 성령 안에서 씻음과 거룩함과 의롭다 하심을 받았느니라. 모든 것이 내게 가하나 다 유익한 것이 아니요 모든 것이 내게 가하나 내가 무엇에든지 얽매이지 아니하리라. 음식은 배를 위하여 있고 배는 음식을 위하여 있으나 하나님은 이것 저것을 다 폐하시리라."(고전 6:9~13)

불의는 '하나님의 눈에 어긋나는 행동'을 말합니다.

그런 것에 미혹 받지 말아야 합니다. 불의에는 어떤 것이 있을까요? 음행, 우상 숭배, 간음, 여자 행세함, 동성애, 도둑질, 탐욕을 부림, 술 취함, 남을 중상함, 남의 것을 약탈함 등입니다. 고린도 교회에는 이런 사람들이 있었는데 예수를 믿음으로 죄 씻음 받고 의롭게 되었습니다.

그런데 그 후로도 또 미혹이 되어 몸으로 죄를 짓기 시작했던 것입니다. 그들은 말했습니다. "모든 것이 내게 허용되어 있다." 하지만 모든 것이 유익한 것이 아닙니다.

이때 바울은 음식에 대한 이야기를 했습니다. 사람들은 "음식은 배를 위한 것이고 배는 음식을 위한 것이다"라며 아무거나 배가 터지도록 먹었습니다. 그런 사람에게 바울은 "하나님이 이것도 저것도 다 없애 버리실 것이다"라고 했습니다. 그렇게 몸을 함부로 대하지 말라는 것입니다.

음식은 배에 가득 채우기 위해 있는 것이 아니라 몸의 건강을 위해 있는 것이며 배도 그렇습니다. 배에 아무거나 집어넣고 과식, 대식, 폭식하고 식품첨가물이 섞인 것을 먹으면 온갖 병이 생기고 스스로 망합니다. 더러운 음식을 먹음으로 생긴 병은 하나님이 주신 병이 아니라 스스로가 만든 병인데 사람들은 하나님과 부모 탓을 합니다.

"하나님이 왜 내게 이런 병을 주셨나?"

"부모님 때부터 내려오는 유전적인 병이야."

우리는 성경에서 하나님이 말씀하시는 깨끗한 식물만 먹어야 합니다. 그것은 곧 '곡채과 소양가생'입니다. 곡식, 채소, 과일, 소고기, 양고기, 가금류(닭, 오리), 생선을 먹으면 병이 안 생기고 건강하게 장수할 수 있습니다.

"죽고 사는 것이 하나님께 있지 않나요?"라고 하겠지만 건강관리는 사람에게 있습니다. 어떤 이는 "내가 죄를 많이 지어 이런 병에 걸린 거야"라고 말합니다. 그러면서 회개합니다. 하지만 자신이 하나님이 먹지 말라고 명하신 더러운 음식을 먹은 죄를 회개해야 한다는 생각은 전혀 못합니다. 회개는 잘못된 생각과 행동을 돌이키는 것입니다.

그들은 병원에서 수술하거나 주의 종에게 안수를 받아 신유의 능력으로 병이 낫고도 다시 더러운 음식을 먹습니다. 그래서 얼마 후에 다시 중환자실에 실려 가고 죽습니다. 당신이 먹는 것이 몸을 만들고 생명을 지탱합니다.

제발 아무거나 사서 먹지 말고 성경에서 먹으라고 한 깨끗한 것만 구별해서 드십시오. 이것이 지혜입니다. 여기에 대한 자세한 내용은 〈종일 기도〉라는 책에 담았으니 꼭 구입해서 읽고 120세까지 건강하게 살기 바랍니다.

셋째, 몸으로 음행을 하지 말아야 합니다.

"몸은 음란을 위하여 있지 않고 오직 주를 위하여 있으며 주는 몸을 위하여 계시느니라. 하나님이 주를 다시 살리셨고 또한 그의 권능으로 우리를 다시 살리시리라. 너희 몸이 그리스도의 지체인 줄을 알지 못하느냐? 내가 그리스도의 지체를 가지고 창녀의 지체를 만들겠느냐? 결코 그럴 수 없느니라. 창녀와 합하는 자는 그와 한 몸인 줄을 알지 못하느냐 일렀으되 둘이 한 육체가 된다 하셨나니 주와 합하는 자는 한 영이니라. 음행을 피하라. 사람이 범하는 죄마다 몸 밖에 있거니와 음행하는 자는 자기 몸에 죄를 범하느니라."(고전 6:13~18)

몸은 음란 곧 음행을 위해 있지 않다고 했습니다.

여기서 말하는 음행은 곧 '창녀와 몸을 합하는 것'을 의미합니다. 음행은 부딪혀서 이기려고 하지 말고 뱀처럼 지혜롭게 피해야 합니다. 음행의 장소에는 절대로 가지 말아야 합니다. 음행하는 영화나 드라마, 소설과 만화, 사진과 그림은 보지 말아야 합니다. 부부는 침소를 귀하게 여기며 어떤 경우에도 성적인 죄를 짓지 말아야 합니다.

음란(淫亂)은 '음탕하고 난잡하다'는 말입니다.

신학생들이나 목사님들 중에도 음탕하고 난잡한 농담을 하거나 그런 생활에 빠져 있는 사람이 있는데 회개하고 돌이켜야 합니다. 그런 환경을 다 없애야 합니다.

많은 그리스도인들이 "나는 도저히 음란에서 빠져나올

수 없어요"라고 말하며 날마다 절망합니다. 목회자들 중에
도 "우리도 인간이고 어쩔 수 없어요. 혼자 너무 거룩한 척
하지 마세요"라고 말하는 사람이 있습니다.

맞습니다. 그렇기 때문에 성령님이 도우러 오신 것입니
다. 성령님은 말 그대로 '거룩한 영'이십니다. 그런 분이
당신을 돕기 위해 오셨습니다. 성령님은 '곁에서 돕기 위
해 서 계신 분'이지만 그분에게 말을 걸며 도움을 구하지
않으면 도움을 받을 수 없습니다. 성령님은 인격자이시므
로 어떤 사람도 강요하거나 강압하지 않으시기 때문입니
다. 우리 모두는 스스로 거룩한 삶을 살 수 있는 힘이 없습
니다. 그러므로 성령님께 도움을 구해야 합니다.

나는 매일 아침 눈을 뜨면 이렇게 말씀드리며 성령님께
도움을 구합니다. "성령님, 오늘도 거룩한 삶을 살게 해주
세요. 영의 생각만 하고 육신의 생각은 떠오르지 않게 해
주세요. 부정적인 것과 육체의 일은 보지도 듣지도 말하지
도 옮기지도 않게 해주세요."

그러면 성령님이 도우십니다. 당신이 습관적인 죄를 짓
는 근원을 잘 생각해 보고 그것을 찾아내십시오. 그리고
그것을 없애 달라고 구체적으로 말씀드리며 성령님께 도
움을 구하십시오. 그러면 성령님이 도와주실 것입니다.

나의 거룩한 삶의 원동력은 나 스스로에게 있지 않고

바로 이러한 성령님을 의지하는 기도에 있습니다.

당신도 꼭 성령님께 도움을 구하기 바랍니다.

넷째, 당신의 몸은 성령님이 거하시는 지성소입니다.

"너희 몸은 너희가 하나님께로부터 받은 바 너희 가운데 계신 성령의 전인 줄을 알지 못하느냐? 너희는 너희 자신의 것이 아니라. 값으로 산 것이 되었으니 그런즉 너희 몸으로 하나님께 영광을 돌리라."(고전 6:19~20)

어떤 신학자는 "성령님이 교회 공동체에 임하신다. 개인의 몸 안에는 임하지 않는다. 성경에 '너희가 하나님의 성전인 것과 하나님의 성령이 너희 안에 거하시는 것을 알지 못하느냐?'라고 했다. 개인에게 임하시는 성령은 잘못된 가르침이다"라고 말합니다. 그분이 공동체를 강조한 것은 좋은 의도이지만 성경은 그렇게 말씀하지 않습니다.

분명히 "그리스도의 몸"이 아닌 "너희 몸"이라고 했습니다. 각 사람의 몸이 하나님의 성전이 된 것입니다. 이것이 신비입니다. 구약에 에덴동산을 거니셨던 하나님이 광야의 길에서 성막 안에 거하셨고 또 솔로몬 성전 안에 거하시다가 지금은 우리 각 사람의 몸 안에 거하십니다.

주님께서 당신에게 말씀하십니다.

"아들아, 나는 네 안에 실제로 거하고 있다. 너의 몸이 지성소다. 너의 몸은 예수의 피로 값 주고 산 귀한 것이다.

그러므로 너의 몸으로 하나님께 영광을 돌리라."

바울은 성령님의 나타나심에 대해 말했습니다.

성령이 어떻게 나타나십니까? 그 사람의 몸 안에 있기 때문에 나타나시는 것입니다. 내 몸 안에 성령님이 계시기 때문에 그분의 나타나심으로 인해 지혜의 말씀, 지식의 말씀, 믿음, 병 고침의 은사, 능력 행함, 예언함, 영들 분별함, 각종 방언, 방언들 통역 등의 은사가 있게 됩니다.(고전 12:8~11) 성령님의 나타나심을 존중해야 합니다.

여기서 "어떤 사람, 다른 사람, 각 사람"이라고 말하면서 각 사람의 몸 안에 성령이 거하고 나타나심을 주신다고 했습니다. "각 사람에게 성령을 나타내심은 유익하게 하려 하심이라."(고전 12:7) 각 사람은 한 사람의 몸입니다.

당신의 몸은 성령의 전입니다. 그러므로 몸의 건강을 위해 하나님이 주신 모든 지혜와 재능을 활용해야 합니다.

당신의 몸은 억만금보다 귀한 '하나님의 지성소'입니다. 이런 귀한 몸을 왜 그냥 방치하고 아무렇게나 대합니까? 하나님의 성전 안에 더러운 것을 넣으면 안 됩니다. 더러운 음식, 더러운 말과 생각과 행동을 멀리하십시오.

무엇보다 음식부터 먼저 구별하십시오. 나는 성경에서 먹지 말라고 한 더러운 음식은 멀리하고 성경에서 먹으라고 한 깨끗한 음식만 먹되 그것도 꼭 필요한 만큼만 소량으로 챙겨 먹습니다. 그리고 하루에 8시간 푹 잡니다. 그러면 다음날 최상의 컨디션이 되어 종일 기도해도 피곤하거나 힘들지 않습니다. 잠이 모자라면 면역력이 떨어지고 이것이 만병의 원인이 됩니다. 또한 매일 한 시간 정도 근력 운동을 합니다. 산책도 습관을 좇아 매일 합니다.

그리고 건강한 몸을 위해 행하는 중요한 것이 하나 있는데 그것은 곧 예수 이름으로 명령하는 것입니다. 예수 이름으로 다른 사람에게 안수하며 치유와 축사를 행하는 것도 중요하지만 그 이전에 내 몸에 먼저 그렇게 합니다.

당신도 당신의 몸에 손을 얹고 명령하십시오.

"예수 이름으로 명하노니 모든 병은 사라져라."

예수님은 그분의 이름을 주시면서 "내 이름으로 무엇이든지 내게 구하면 내가 행하리라"(요 14:14)고 하셨고 "내 이름으로 귀신을 쫓아내고 병든 사람에게 손을 얹으면 낫는다"고 하셨습니다. 하지만 그리스도인들 중에는 하루에 한 번, 한 달에 한 번, 1년에 한 번, 10년에 한 번도 예수 이름을 사용하지 않는 사람들이 많습니다. 그들은 말합니다. "나는 목사가 아닙니다. 그러니 다른 사람에게 안수할 일이 없어요. 예수 이름을 사용할 일도 없고요."

자신에게 안수하면 됩니다. 이 얼마나 좋습니까?

나도 매일 다른 사람에게 안수하는 것은 아닙니다.

하지만 나는 예수 이름을 자주 사용합니다. 어디에 사용할까요? 나 자신에게 입니다. 나는 내게 일어나는 모든 크고 작은 문제에 대해 예수 이름으로 구하고 예수 이름으로 명령합니다. 나는 말에나 일에나 다 주 예수의 이름으로 합니다. 다른 사람의 몸도 귀하지만 내 몸도 그들 못지 않게 귀합니다. 그러므로 먼저 나의 몸에 손을 얹고 예수 이름으로 명령합니다. 당신도 그렇게 하십시오.

당신의 몸에 1년에 한 번, 10년에 한 번만 안수하지 말고 매일 안수하십시오. 나는 매일 내 몸에 안수합니다.

"왜 그런 것을 해요? 그런다고 무슨 변화가 있나요?"

어떤 사람들은 한 번, 두 번, 세 번, 시험적으로 해보지만 아무런 변화가 없을 수도 있습니다. 열 번, 백 번 자기 몸에 안수해도 아무 변화가 없을 수도 있습니다. 그래도 안수해야 합니다. 나는 믿음으로 계속 내 몸에 안수했고 그러자 결국 내가 기도하고 구한 대로 다 얻었습니다.

요한복음 14장 14절에 "너희가 내 이름으로 무엇이든지 구하면 내가 행하겠다"고 했는데 여기서 "구하라"는 말은 '애원한다'는 뜻이 아니라 '어떤 것이 이뤄지도록 강력하게 요청한다'는 뜻입니다. 그러면 예수님이 책임지고 그대로 이뤄 주신다고 했습니다. 베드로는 나면서 못 걷게 된 사람에게 명령했습니다. "나사렛 예수 그리스도의 이름

으로 말한다. 일어나 걸으라."(행 3:6)

바울은 귀신에게 말했습니다. "예수 그리스도의 이름으로 내가 네게 명하노니 그에게서 나오라."(행 16:18)

당신의 몸에 어떤 문제의 산이 있습니까? 여기서 저기로 옮겨지라고 명령하십시오. 그대로 될 것입니다. "내가 진실로 너희에게 이르노니 누구든지 이 산더러 들리어 바다에 던져지라 하며 그 말하는 것이 이루어질 줄 믿고 마음에 의심하지 아니하면 그대로 되리라."(막 11:23)

내 몸에 하는 안수는 믿음으로 꾸준히 하는 것이 좋습니다. 습관을 좇아 안수하십시오. 혼자 있을 때 자신의 몸에 안수하고 작은 목소리로 명령하기 때문에 누가 뭐라 하지도 않습니다. 안수하고 말하는 즉시 열매로 나타나 신유의 기적을 경험할 수도 있지만 어떤 경우는 말의 응답이 하나의 작은 씨앗처럼 심겨집니다. 그 치유의 씨앗이 자고 깨고 하는 중에 자랍니다. 내가 안수한 사람 중에는 다음날 아침에 병이 나았다는 사람들이 있습니다.

한 신유 사역자는 안수하면서 이렇게 말했습니다.

"오늘 안수 받으신 분은 집에 가서 몸을 깨끗하게 씻고 감사하는 마음으로 잠자리에 드세요. 그러면 많은 분들이 다음날 아침에 일어날 때 깨끗이 나을 것입니다."

그분은 한 번 안수하고 끝내지 않고 매일 안수해 주었

습니다. 결코 "당신은 두 번이나 안수 받았는데 낫지 않는 걸 보니 죽어야 할 운명이다"라고 절망적인 말을 하지 않았습니다. 며칠이고 몇 개월이고 신유의 기적을 경험할 때까지 꾸준히 집회에 참석해서 믿음으로 계속 안수 받으라고 권했습니다. 그렇게 포기하지 않고 계속 안수 받은 사람들 중에 깨끗이 나은 사람이 많았습니다.

예수님은 "항상 기도하고 낙심하지 말라"(눅 18:1)고 하셨습니다. 이 말씀은 안수 받는 자에게 "항상 안수 받고 낙망치 말라"는 말과 같고 안수하는 자에게 "항상 안수하고 낙망치 말라"는 말과 같습니다. 늦지 않고 속히 치유됩니다. "속히 그 원한을 풀어 주시리라. 그러나 인자가 올 때에 세상에서 믿음을 보겠느냐 하시니라."(눅 18:8)

'신유와 기적의 종'이라 불린 캐더린 쿨만은 자신의 집회에 온 수천 명이 신유의 기적을 경험하는데 왜 어떤 사람은 그 자리에서 치유 받지 못하고 절망 가운데 돌아가는지 모르겠다며 이렇게 말했습니다. "결코 포기하지 말고 다음 집회에 또 오세요. 당신의 날이 있습니다."

그 말을 들은 수많은 사람들이 비행기를 타고 그의 집회에 반복해서 참석하다가 어느 날 '자신의 날'이 와서 치유 받고 눈물을 펑펑 흘리며 기뻐 뛰는 것을 보게 됩니다.

예수님은 형제가 죄를 범하고 와서 회개하고 용서를 구

하면 하루에 일흔 번에 일곱 번이라도 용서해 주라고 했습니다. 세상에서 가장 가까운 형제는 바로 '자신'입니다.

안수 받을 때 자신을 용서하고 다시 가서 안수 받아야 합니다. 일흔 번에 일곱 번이라도 안수를 받으십시오.

나는 병든 사람들에게 말합니다.

"예수님이 채찍에 맞음으로 당신의 모든 병과 연약함을 담당하셨습니다. 그러므로 당신의 평생을 '운명이다, 어쩔 수 없다'며 병든 몸, 장애의 몸으로 살아야 한다고 받아들이지 마세요. 반드시 치유 받고 온전한 몸으로 살겠다고 결심하고 능력 있는 주의 종을 찾아가 여러 번 안수 받으세요. 오늘도 안수 받고 내일도 안수 받으세요. 한 번만 아니라 일흔 번에 일곱 번 곧 하루에 490번이라도 안수 받으세요. 점과 흠과 티가 없는 온전한 몸이 될 때까지 주의 종에게 안수 받으세요. 항상 안수 받고 낙망치 마세요. 유명한 병원과 의사에게는 수술과 치료를 받겠다며 그렇게 시간과 교통비를 지불하면서 왜 주의 종을 만나 안수 받기 위해서는 그렇게 하지 않습니까? 믿음으로 계속 안수 받으면 어느 순간 '당신의 날'이 옵니다. 그러면 1초 만에 치유 받고 그 이후로 수십 년은 건강한 몸으로 살게 됩니다."

나도 그런 경험을 했습니다. 10년 동안 위장병으로 고생했는데 신유 집회에 참석해서 안수 받는 순간 깨끗이 나았습니다. 그 후로 10년이 지난 지금까지 건강한 위를 갖고 있습니다. 내 몸은 머리끝에서부터 발끝까지 온전히 건강합니다. 당신도 이런 신유의 기적을 기대하십시오.

결코 포기하지 말고 집회에 가서 안수 받으십시오.

하루에 490번이라도 안수 받으십시오. 그래도 괜찮습니다. "당신이 그렇게 병들고 장애가 생긴 것은 어쩔 수 없는 운명이다"라는 사람들의 말을 듣지 말고 "그가 채찍에 맞음으로 내가 나음을 얻었다"는 하나님의 말씀을 붙드십시오. 예수님은 당신의 죄만 아닌 병도 담당하셨습니다.

치유는 이미 당신의 것입니다. "친히 나무에 달려 그 몸으로 우리 죄를 담당하셨으니 이는 우리로 죄에 대하여 죽고 의에 대하여 살게 하려 하심이라. 그가 채찍에 맞음으로 너희는 나음을 얻었나니"(벧전 2:24)라고 했습니다.

당신을 향한 하나님의 뜻은 온전한 영과 혼과 몸입니다. "평강의 하나님이 친히 너희를 온전히 거룩하게 하시고 또 너희의 온 영과 혼과 몸이 우리 주 예수 그리스도께서 강림하실 때에 흠 없게 보전되기를 원하노라. 너희를 부르시는 이는 미쁘시니 그가 또한 이루시리라."(살전 5:23~24) 지금도 예수 그리스도는 살아 계십니다.

미쁘신 그분이 다 이루실 것입니다.

안수가 사라지고 있다. 다시 안수하라

안수가 사라지고 있다

오늘 아침에 일어나서 세수하는데 주님께서 세미한 음성으로 세 번이나 이 말씀을 하셨습니다.

'안수가 사라지고 있다.'

이 말이 내 머릿속을 떠나지 않았습니다.

전 세계에서 안수 사역이 활발하게 진행되고 있는데 한국 교회에는 갈수록 안수가 사라지고 있다는 탄식의 말씀이었습니다. 주의 종들과 모든 교회들이 안수에 대한 믿음을 회복하고 다시 안수 사역에 헌신해야 합니다.

창세기에서 요한계시록까지 '안수'라는 단어를 빼면 어떤 일이 일어날까요? 안수를 통해 이루어진 하나님의 일들이 하나도 남지 않을 것입니다. 사람들은 말합니다.

"안수하지 않아도 어떻게든 일은 진행되었겠죠."

물론 그럴 것입니다. 하나님은 사람들의 안수에 제한받지 않고도 얼마든지 그분의 일을 진행하실 수 있습니다.

하지만 그분은 가장 좋은 방법이 무엇인지 아시는 분이고 그분이 정하신 원리 중에 하나가 안수였고 그것은 성경 전체에서 빼놓을 수 없는 큰 비중을 차지하고 있습니다.

안수는 하나님의 방법이다

안수를 통해 어떤 일이 성취되었을까요?

첫째, 안수를 통해 하나님의 일이 위탁되었습니다.

하나님은 모세에게 "너는 여호수아에게 안수하라"고 지시하셨습니다. 모세가 "주님, 그것은 제가 아는 방식이 아닙니다. 저를 부르실 때는 안수가 없었습니다. 그냥 가시덤불에서 직접 저를 만나 주지 않았습니까? 그런데 왜 여호수아에게는 제가 안수해야 합니까? 이것은 생소한 일이고 그동안 경험한 것과는 달라서 받아들일 수 없습니다"라고 대답하지 않았습니다. 그는 순종했고 안수했습니다.

그가 안수함으로 어떤 일이 생겼습니까? "모세가 눈의 아들 여호수아에게 안수하였으므로 그에게 지혜의 영이 충만하니 이스라엘 자손이 여호와께서 모세에게 명령하신 대로 여호수아의 말을 순종하였더라."(신 34:9)

모세가 불순종하고 눈의 아들 여호수아에게 안수하지 않았더라면 어떻게 되었을까요? 그에게 지혜의 영이 충만하지 않았을 것이고 이스라엘 자손이 여호와께서 모세에게 명령하신 대로 여호수아의 말을 순종하지 않았을 것입니다. 모세의 안수를 기점으로 완전히 달라졌습니다.

"꼭 안수 받아야 하나?"라고 말하지 마십시오. 물론 이러한 '사역 위탁 안수'는 아무에게나 경솔히 하면 안 됩니다. 하나님이 택하여 세우신 사람에게만 해야 합니다.

하나님의 명령에 따라 안수했기 때문에 일어났을 일들이 안수하지 않으면 일어나지 않습니다. 하나님이 안수하라고 했는데 하지 않으면 아무 일도 안 일어납니다.

둘째, 안수를 통해 성령과 방언을 받게 되었습니다.

초대 교회 120명의 제자들은 다른 누군가에게 안수 받지 않고 직접 성령과 방언을 받았습니다. 누가 성령을 주셨습니까? 예수님이 아버지께 받아서 부어 주신 것입니다. 베드로는 설교하기를 "하나님이 오른손으로 예수를 높이시매 그가 약속한 성령을 아버지께 받아서 너희가 보고 듣는 이것을 부어 주셨느니라"(행 2:33)고 했습니다.

그런 베드로가 다른 사람에게 성령이 임하도록 사역할 때 어떻게 했습니까? 안수했습니다. 성경은 분명히 "안수하매 성령을 받는지라"고 기록하고 있습니다.

"예루살렘에 있는 사도들이 사마리아도 하나님의 말씀을 받았다 함을 듣고 베드로와 요한을 보내매 그들이 내려가서 그들을 위하여 성령 받기를 기도하니 이는 아직 한 사람에게도 성령 내리신 일이 없고 오직 주 예수의 이름으로 세례만 받을 뿐이더라. 이에 두 사도가 그들에게 안수하매 성령을 받는지라."(행 8:14~17)

만약 베드로가 예수님이 자기 발을 씻길 때처럼 "주여, 그럴 수 없습니다"라며 거절했다면 어떻게 되었을까요?

베드로는 이렇게 대답할 수 있었을 것입니다.

"주님, 저는 절대로 그럴 수 없습니다. 어떻게 다른 것도 아닌 성령을 받도록 안수를 합니까? 성령은 하나님인데, 그건 말도 안 됩니다. 이것만큼은 제발 하라고 하지 말아 주세요. 다들 이상하게 생각할 거예요."

베드로는 자기 생각과 맞지 않다며 고집 부리지 않고 즐겨 순종했습니다. 어떤 이는 이렇게 말할 것입니다. "고넬료 식구들은 안수하지 않고도 성령이 임했잖아요."

그것은 이방인에게 성령이 임하는 사건이었고 이방인의 문지방을 넘지 않는 유대교의 관습을 깨뜨리고 성령이 임하신 것입니다. 그리고 여기서 강조하는 것은 단순히 '이방인이 성령 받는 것'만이 아닌 '예수 이름의 능력'에 대한 것입니다. 고넬료가 기도 많이 하고 백성을 많이 구제했다는 것을 강조했는데 그것과 상관없이, 베드로가 성령에 이끌려 "예수 믿는 자들이 다 그 이름을 힘입어 죄 사함을 받는다"고 설교할 때 곧 "이 말할 때에, 성령이 말씀 듣는 모든 사람에게 내려오셨고 그들이 방언을 말했다"(행 10:43~46)고 했습니다. 놀랍지 않습니까?

바울은 에베소 교회에 가서 제자들에게 안수하므로 그들이 성령을 받게 했습니다. "바울이 그들에게 안수하매, 성령이 그들에게 임하시므로 방언도 하고 예언도 하니 모두 열두 사람쯤 되니라."(행 19:6~7) 여기서 단순히 방언의 은사를 받도록 안수한 것이 아닙니다.

성경은 분명히 "바울이 안수하매 성령이 그들에게 임하셨다"고 했습니다. 이것을 어떻게 신학적으로 설명할 수 있겠습니까? 주의 말씀은 모든 신학보다 높습니다.

당신이 주의 모든 이름을 원어로 공부하고 정립한 세계적인 신학자라고요? 성경은 "주께서 주의 말씀을 주의 모든 이름보다 높게 하셨음이라"(시 138:2)고 말씀합니다.

태초에 말씀이 있었고 주님께서 '주의 말씀'을 다른 모든 것보다 높게 하셨습니다. 그러므로 말씀이 그렇다면 그런 줄로 알고 있는 그대로 인정하고 받아들여야 합니다.

오늘날도 안수하므로 성령이 임합니다. 그동안 내가 안수한 수천 명에게 성령이 임했고 방언을 받았습니다.

어제도 시골에서 50세 된 한 사람이 나를 찾아와서 안수 받고 성령을 받고 방언도 받았습니다. 그는 그 자리에 앉아 2시간 동안 방언으로 기도하며 회개하고 집으로 돌아갔습니다. 나는 그를 30세에 만났는데 20년 동안 그에게 성령이 임하거나 방언을 받거나 하는 일이 일어나지 않았습니다. 그런 그가 내 책을 읽고 꼭 안수 받겠다고 찾아온 것입니다. 그 날 내가 안수하지 않았다면 앞으로 또 20년간 아니 100년이 지나도 성령이 임하지 않고 방언도 하지 못할 수도 있습니다. 안수했기 때문에 즉시 성령이 임했던 것입니다. 당신도 오늘부터 예수 이름으로 안수하고 또 다른 주의 종에게도 안수를 받기 바랍니다.

바울은 디모데에게 "내가 나의 안수하므로 네 속에 있는 하나님의 은사를 다시 불일듯 하게 하기를 원한다"(딤후 1:6)고 했습니다. 안수하면 없는 것을 받게 되고 있는 것을 다시 일으키게 됩니다. 이것이 안수의 힘입니다.

셋째, 안수하므로 축사와 치유의 역사가 일어났습니다.

나아만 장군 이야기를 보면, 이방인조차도 주의 종이 안수해 주길 바라고 움직였습니다. 그런데 하나님의 자녀가 안수 받으러 가지 않으면 어떻게 될까요? 하나님 아버지께 받을 수 있는 많은 은혜와 은사를 놓치게 될 것입니다. 안수는 하나님이 정하신 수준 높은 방법입니다.

아람 왕의 군대 장관 나아만은 그의 주인 앞에서 크고 존귀한 자였습니다. 그는 큰 용사였지만 나병환자였습니다. 그가 엄청난 금액의 예물을 갖고 하나님의 사람 엘리사에게 안수 받으러 왔는데, 선지자는 그 예물을 받지 않았습니다. 안수와 치유는 하나님이 거저 주시는 선물이기 때문입니다. 나도 안수와 치유를 위해 개인적으로 예물을 받은 적이 없습니다. 그들이 하나님께 감사 헌금을 드리는 것은 그들과 하나님과의 관계이고 나와 상관없습니다.

나아만이 뭐라고 했습니까?

"내 생각에는 그가 내게로 나와 서서 그의 하나님 여호와의 이름을 부르고 그의 손을 그 부위 위에 흔들어 나병을 고칠까 하였도다."(왕하 5:11)

나병이니까 직접 손을 대지는 못할 것이고 그의 손을 그 부위 위에 흔들어 고쳐 주길 바랐던 것입니다.

이방인도 주의 종이 손을 내밀어 기도해 주길 바랐다면

하나님의 백성들은 더욱 그러해야 합니다. 예수님은 "치유와 축사는 자녀의 떡이다"라고 긍정적으로 표현하셨습니다. 우리는 안수에 대해 적극적인 태도를 가져야 합니다.

당신 주변에 문제가 있는 사람이 있다면 권하여 주의 종에게 데리고 가서 안수해 주기를 간구해야 합니다.

사람들이 귀 먹고 말 더듬는 자를 데리고 예수님께 나아와 안수하여 주기를 간구했습니다.(막 7:32) 예수님은 그에게 손을 대어 깨끗이 치유하셨습니다. 예수님은 고향에서 믿지 않는 사람들 때문에 치유를 행할 수 없었지만 안수는 하셨고 안수를 통해 소수의 병자를 고치셨습니다.

아무것도 할 수 없을 때도 안수는 할 수 있습니다.

예수님은 맹인에게 두 번 안수하시므로 밝히 보이게 하셨습니다. 그분은 적극적으로 안수하시고 또 안수하셨습니다. "이에 그 눈에 다시 안수하시매 그가 주목하여 보더니 나아서 모든 것을 밝히 보는지라."(막 8:25)

예수님은 열여덟 해 동안이나 귀신 들려 앓으며 꼬부라져 조금도 펴지 못한 한 여자에게 안수하시므로 즉시 귀신을 쫓아내고 치유하셨습니다. "안수하시니 여자가 곧 펴고 하나님께 영광을 돌리는지라."(눅 13:13)

당신도 안수하면 축사와 치유가 일어납니다.

선교지에서도 안수 사역을 하라

당신은 선교할 때 어떤 방법을 사용합니까?

초대 교회는 안수를 통해 사역이 급속도로 확장되었습니다. 안수 없는 선교는 상상조차 할 수 없었습니다.

주님은 안수하라고 제자들에게 지시하셨습니다.

평신도인 아나니아는 바울에게 찾아가 안수하므로 눈이 보이게 했습니다. "아나니아가 떠나 그 집에 들어가서 그에게 안수하여 이르되 형제 사울아 주 곧 네가 오는 길에서 나타나셨던 예수께서 나를 보내어 너로 다시 보게 하시고 성령으로 충만케 하신다 하니 즉시 사울의 눈에서 비늘 같은 것이 벗어져 다시 보게 된지라."(행 9:17~18)

바울은 선교 중에 열병과 이질에 걸려 누워 있는 한 사람에게 안수하여 낫게 했습니다. "보블리오의 부친이 열병과 이질에 걸려 누워 있거늘 바울이 들어가서 기도하고 그에게 안수하여 낫게 하매 이러므로 섬 가운데 다른 병든 사람들이 와서 고침을 받고 후한 예로 우리를 대접하고 떠날 때에 우리 쓸 것을 배에 실었더라."(행 28:8~10)

전도 현장, 목회 현장, 선교 현장에서 꼭 필요한 것이 안수입니다. 말씀 증거와 함께 안수 사역을 꼭 해야 합니다. 성령 받은 사람이 믿음으로 손을 얹고 예수 이름으로 명령하면 주께서 친히 함께 역사하시므로 치유의 기적이 일어납니다. 더러운 귀신이 쫓겨 나가고 병이 낫습니다.

이것은 특별한 주의 종에게만 일어나는 것이 아닙니다.

모든 믿는 자에게 따르는 표적입니다. 그러므로 모든 믿는 자들은 예수 이름으로 담대하게 안수해야 합니다.

다시 안수 사역을 해야 한다

당신의 교회는 안수 사역을 하고 있습니까?

내가 20대에 동네의 한 교회의 금요 기도회에 간 적이 있는데 그 교회는 밤 10시부터 새벽 3시까지 철야 기도를 했습니다. 그때 담임 목사님을 비롯한 모든 부교역자들이 안수 사역을 활발히 하고 있었습니다. 설교가 끝난 후에 모든 성도에게 합심 기도를 시킨 다음 열 명이 넘는 교역자들이 앞으로 나와 줄서서 안수하기 시작했는데, 성도들이 앉아 있는 의자를 밟고 뒤로 넘어 다니며 1,000명이 넘는 사람들을 다 안수하는 것이었습니다. 그렇게 안수하는 데 소요되는 시간은 10분밖에 안 걸렸고 그로 인해 온 교회에 치유와 성령의 은사가 불 같이 일어났습니다.

또 한 번은 다른 한 교회의 주일 예배에 참석했는데 그 교회는 10만 명이 넘는 성도가 모여 예배했습니다. 그들을 어떻게 다 안수할 수 있겠습니까? 그러니 모든 성도들이 자기 몸과 머리에 손을 얹게 하고 담임 목사님이 마이크를 쥐고 신유 기도를 하는데 그때 축사와 치유가 동시 다발적으로 일어났습니다. 당신도 그렇게 하십시오.

나도 우리 교회에서 예배할 때, 그리고 집회에 강사로 갈 때 반드시 안수 사역을 합니다. 물론 설교하는 중에, 찬양하는 중에, 합심 기도하는 중에도 치유와 축사의 역사가 많이 일어납니다. 하지만 안수할 때는 더욱 성령님의 기름 부으심이 강하게 나타나고 큰 표적과 기사가 따릅니다.

당신도 안수하십시오. 안수하니까 몸이 힘들고 시간이 많이 든다고 이 귀한 안수 사역을 주의 종이 게을리 하면 그에 대한 책임을 주님께서 반드시 물으실 것입니다.

'너는 내가 준 안수의 은사를 어떻게 했느냐? 왜 그것을 땅에 묻어 두었느냐? 네가 부지런히 안수했다면 얼마나 많은 표적과 기사, 치유와 축사가 나타나겠느냐? 내가 네게 준 안수의 은사에 대해 반드시 결산하겠다.'

오늘날 한국 교회에 이런 안수 기도가 다시 일어나야 합니다. 안수할 때 성령이 임하고 방언이 터지고 치유와 축사가 일어납니다. 이를 통해 복음이 확장됩니다.

"손을 게으르게 놀리는 자는 가난하게 되고 손이 부지

런한 자는 부하게 되느니라."(잠 10:4)고 했습니다. 이것은 다만 가정이나 직장 생활, 사업에만 해당되는 것이 아닙니다. 신령한 일 곧 안수 사역에도 해당됩니다.

손을 부지런히 놀리며 안수하면 어떻게 될까요? 말씀의 씨앗을 뿌린 것에 대한 표적과 기사를 풍성히 거두게 될 것입니다. "여름에 거두는 자는 지혜로운 아들이나 추수 때에 자는 자는 부끄러움을 끼치는 아들이니라."(잠 10:5)

안수 안 하는 것이 지혜가 아니라 안수하는 것이 지혜입니다. 하나님은 전도의 미련함을 통해 구원하심과 동시에 안수의 미련함을 통해 축사하고 치유하십니다.

그러므로 우리는 다시 안수하기 시작해야 합니다.

안수함으로 많은 것을 거두어야 합니다.

안수할 때 일어나는 일들

당신이 안수할 때 어떤 일이 일어날까요?

일곱 가지 엄청난 일이 일어납니다. 무엇일까요?

첫째, 성령이 임합니다.

둘째, 은사가 불 같이 일어납니다.

셋째, 신유의 기적이 일어납니다.

넷째, 축사의 능력이 나타납니다.

다섯째, 능력이 전달됩니다.

여섯째, 일꾼이 세워집니다.

일곱째, 축복이 임합니다.

바울은 말했습니다. "내 말과 내 전도함이 설득력 있는 지혜의 말로 하지 아니하고 다만 성령님의 나타나심과 능력으로 하여 너희 믿음이 사람의 지혜에 있지 아니하고 다만 하나님의 능력에 있게 하였노라."(고전 2:4~5)

당신도 그렇게 말할 수 있기를 바랍니다.

다시 안수 사역을 하십시오.

안수 기도

초판 1쇄 발행 | 2024년 6월 20일
초판 6쇄 발행 | 2024년 6월 30일

지은이 | 김열방

발행인 | 김사라
발행처 | 날개미디어
등록일 | 2005년 6월 9일, 제2005-44호
주소 | 서울특별시 송파구 백제고분로9길 6(잠실동, A동 3층)
전화 | 02)416-7869
메일 | wgec21@daum.net

종이책 ISBN : 979-11-92329-39-0. 03230
전자책 ISBN : 979-11-92329-40-6. 05230

종이책값 20,000원
전자책값 20,000원